創業100年超 老舗書店「有隣堂」が作る 企業YouTubeの世界

～「チャンネル登録」すら知らなかった社員が
登録者数20万人に育てるまで～

有隣堂YouTubeチーム

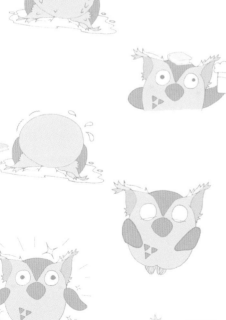

集英社

「有隣堂しか知らない世界」ってどんなチャンネル？

明治42（1909）年創業の、神奈川・東京・千葉で約40店舗を運営する老舗書店「有隣堂」が運営するYouTubeチャンネル。番組MC「R.B.ブッコロー」の素直すぎる発言と、個性豊かな有隣堂のスタッフの愛あふれる熱量のトークの掛け合いが人気を博している。

企業チャンネルのなかでは珍しく、「宣伝を目的としない」エンターテインメント性を重視した内容と、文具を扱う書店ならではの情報量がポイント。2022年12月時点のチャンネル登録者数は20万人以上。

動画では「有隣堂しか知らない」本や文房具の魅力を有隣堂のスタッフが愛をこめて伝えている。第2回の「【飾りじゃないのよ】物理の力で文字を書く！ ガラスペンの世界」は90万回以上の再生回数を誇る。

「有隣堂しか知らない世界」のあゆみ

YouTube
やるぞ！

2019年

12月	社長の一声により有隣堂YouTube始動 →P.18

2020年

2月	現チャンネルの前身である 「書店員つんどくの本棚」の動画初投稿 →P.26
5月	有隣堂YouTubeチャンネルのリニューアルが決定 →P.36
6月	「有隣堂しか知らない世界」の動画初投稿 →P.74 **【超性能ティッシュ】キレイの概念が変わる！キムワイプの世界**
11月	目標よりも早く収益化達成！ →P.93

2021年

2月	「ねとらぼ」で取り上げられ、登録者数1万人達成！ →P.101
8月	登録者数10万人の目標までわずかに届かず…… 再チャレンジを決意！ →P.150
10月	作家の24時間密着動画がバズり、ついに登録者数10万人達成！ 初のチャンネル発フェア「海のみえるガラスペンフェア」開催 →P.181
11月	初の公式グッズ、「ブッコローぬいぐるみ」が即完売！ →P.178

2022年

5月	登録者数15万人突破！
7月	「有隣堂しか知らない世界」の名物社員、 岡﨑氏のセレクトショップ「岡﨑百貨店」がオープン →P.186
12月	開設より899日目で、登録者数20万人を突破！

「有隣堂しか知らない世界」MC R.B.ブッコローの生態

“誰に対しても忖度《そんたく》しない正直すぎるコメント”でおなじみの
名物MC、R.B.ブッコローの生態をご紹介します。

カラフルな羽角がチャームポイント
ミミズクの特徴でもあるフワフワ動く虹色の羽角はブッコローのチャームポイント。最新の情報に敏感なミミズクということをカラフルな羽角で表しています。

R.B.ブッコロー（6月30日生まれ）
♠体長60cm ♦体重2kg
「有隣堂しか知らない世界」番組MC
正直者で好奇心旺盛、よくしゃべる。最近、インク沼にハマりつつある。競馬が好き。数字をゴロで覚えるのが得意。（例）253ページ→煮込み（ニコミ）

左右の目の色が違う!?
ミミズクは活動時間帯によって目の色が違います。色々な時間帯に活動しているブッコロー。忙しすぎて左右の目の色が違うままになってしまいました。また左目だけ少し外側を見ているのは、幅広い視野で世の中を見ているため。目ヂカラがハンパないです。

小脇に抱えているのは?
「知の象徴」である本！
何でも知りたがりです。

フクロウなの? ミミズクなの?  or 
フクロウ科のうち、羽角がある種の総称が「ミミズク」なので、ブッコローもミミズク!!

名前の由来は?
R.B.は「リアル・ブック」の略で「真の本」「真の知」を意味します。ブッコローは「Book（本）＋Owl（ミミズク）」で「ブックオウル」→「ブックォール」→「ブッコロー」。

▶ブッコローの前身である軍手のMCキャラクター

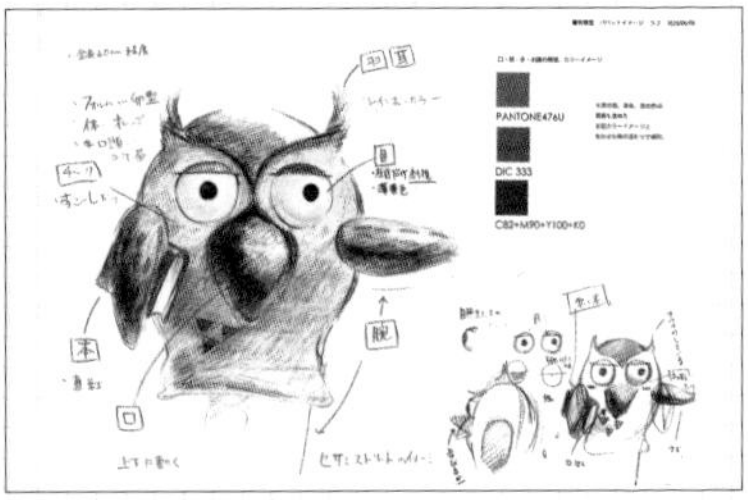

▶現在のブッコローの元になったデザインラフ画

ブッコローから皆さんへメッセージ

▶出演メンバーへ

こんなに個性豊かな珍獣だらけの会社が他にあるのでしょうか……。見た目はブッコローの方が珍獣ですが、中身はあなたたちの方がよっぽど珍獣。皆さんの何かを「好き」という情熱には感服です。そろそろ「有隣堂」から「珍獣堂」に社名変更した方がいいんじゃないかなと思います。

▶プロデューサーへ

「君ほど面白くて頭の回転が早いヤツに会ったことがない！　是非MCを引き受けてもらえないかな?」「え？　自分、単なるミミズクっすよ?」突然かかってきた一本の電話からこんなことになるなんて……。都会の片隅に住むおっさんミミズクを素敵なステージに連れてきてくれて本当にありがとう。一人でサウナばっかり行ってないで早く結婚しなよ。

▶YouTubeチームへ

あまり表には出ない皆さんの努力が、今回一冊の本にまとめられたことを心から嬉しく思います。Pの高い要望に全力で応える皆さんの姿勢が、間違いなくこのチャンネルを支えています！　有能な皆さんとの仕事は本当にやりやすい！　そろそろ「有隣堂」から「有能堂」に社名変更した方がいいんじゃないかなと思います。

▶視聴者の皆さんへ

ゆーりんちー！　いつもありがとう！

こんな本が出版されるのも、みんなのおかげ！エンタメ業界の企業でもなく、時価総額日本一の企業でもなく、地方の弱小書店が日本No.1企業チャンネルになるまであと少し！　一緒に歴史を創ろう！　これからも布教活動よろしくお願いします！

「有隣堂しか知らない世界」出演メンバー紹介

本書に登場する動画出演メンバーのプロフィールと
視聴者の皆さんへのコメントをご紹介します。

内野美穂《うちの みほ》

所属	店舗運営部 ルミネ横浜店
ニックネーム	書店の一角を食品物産展にした女
代表的な出演回	**【噛むほど甘い】書店で買える「うまいドライフルーツ」の世界** ～有隣堂しか知らない世界065～

〈 視聴者の皆さんへ 〉

いつもご覧いただきありがとうございます。
ブッコローの味の好みはさておき、自分を信じ美味しいものを♡
探し続けます!

間仁田亮治《まにた りょうじ》

所属	店舗運営部 文具課
ニックネーム	文房具の仕入れの全権を握る男
代表的な出演回	**【地球から目が離せない】最新地球儀の世界** ～有隣堂しか知らない世界024～

〈 視聴者の皆さんへ 〉

いつもご視聴頂き誠にありがとうございます。動画の撮影はとても緊張してしまいうまくしゃべることができませんが、お声がけいただいたり、応援のコメントをいただくととても励みになります。今後も皆様に楽しんで頂ければ幸いです。

岡﨑弘子《おかざき ひろこ》

所属	事業開発部 商材開発・店舗プロモーション課
ニックネーム	文房具王になりそこねた女
代表的な出演回	**【飾りじゃないのよ】物理の力で文字を書く!ガラスペンの世界** ～有隣堂しか知らない世界002～

〈 視聴者の皆さんへ 〉

いつもご視聴有難うございます。 YouTubeを見て買いました! やいつも応援しています! などの温かいお声がけ嬉しいです。これからも自分の大好きな文房具を紹介したいと思います。どうぞよろしくお願いいたします。

大平雅代　おおひら まさよ

所属	店舗運営部 アトレ恵比寿店
ニックネーム	頼れる姉御主任
代表的な出演回	**【タモリ倶楽部に出演】本のカバー掛けの世界** ～有隣堂しか知らない世界071～

〈 視聴者の皆さんへ 〉

動画をご覧いただいてありがとうございます。ワクワクしてますか？　私は毎度ワクワクしてます！！　出演する側もとても楽しいので、皆さんにもその楽しさが伝わっていると嬉しいです。

佐藤貴広　さとう たかひろ

所属	事業開発部 商材開発・店舗プロモーション課
ニックネーム	書店をプロレスで私物化した男
代表的な出演回	**【全盛期、あの頃は】週プロ！ゴング！プロレス雑誌の世界** ～有隣堂しか知らない世界003～

〈 視聴者の皆さんへ 〉

皆様の温かい言葉に感謝しております。プロレス回を見てプロレスに興味を持っていただけた方がいらっしゃったら嬉しいです。もう、悔いはありません。これからも「プロレス」「誠品生活日本橋」「有隣堂」をよろしくお願い致します。

長谷部真維　はせべ まい

所属	事業開発部 商材開発・店舗プロモーション課
ニックネーム	味噌汁を鰹節削りから始める女
代表的な出演回	**【うまい】小池さんのラーメンを再現！本に出てくる料理のレシピの世界** ～有隣堂しか知らない世界031～

〈 視聴者の皆さんへ 〉

いつも温かいコメントをありがとうございます！　飲食事業でも有隣堂を盛り上げていけるよう、番組の出演回数も増やしていきたいと目論んでおります。引き続き応援よろしくお願いいたします。

「有隣堂しか知らない世界」スタッフ紹介

有隣堂スタッフ ● 渡邉郁 わたなべ いく

所属	経営企画本部 広報・マーケティング部
ニックネーム	有隣堂のYouTubeを裏で牛耳る女
代表的な出演回	**【2年ぶり新店舗】密着！書店ができるまで** ～有隣堂しか知らない世界145～

〈 視聴者の皆さんへ 〉

ゆーりんちーの皆さんからいただく暖かくてユーモアあふれるコメントをいつも励みにしてきました。これからも、皆さんと一緒に、楽しく進んでいきたいです。これからもよろしくお願いします！

有隣堂スタッフ ● 鈴木宏昭 すずき ひろあき

所属	経営企画本部 広報・マーケティング部
ニックネーム	―
代表的な出演回	**【話題書も続々】夜の書店を徘徊する「総本山"本店"の1階」** ～有隣堂しか知らない世界047～(声のみ)

〈 視聴者の皆さんへ 〉

本に自分の名前が載ることになるとは、書店に勤める者として感慨深いです。これも普段からご視聴いただいている皆様のおかげです。これからも「有隣堂しか知らない世界」を黒衣のように支えていけるよう頑張ります！

プロデューサー ● ハヤシユタカ

出演メンバーのコメント、ご覧になりましたか？　皆さん本当に真面目ですね。でも実は、心の遥《はる》か奥底に隠しているのです。熱意を。それを引っ張り出すのが私の仕事。今後も期待を裏切らない動画をお届けします！

まえがき

はじめまして。

横浜が拠点の書店「有隣堂」の広報・マーケティング部で、YouTubeチャンネル「有隣堂しか知らない世界」の運営を担当している、渡邉郁《わたなべいく》と申します。

「有隣堂しか知らない世界」とは、2020年6月に始まった有隣堂の企業公式YouTubeチャンネルです。『「有隣堂しか知らない」様々な世界を、スタッフが愛をこめてお伝えする』というコンセプトのもと、チャンネルMCであるミミズクのキャラクター「R.B.ブッコロー」と有隣堂のスタッフによる掛け合いで、文房具や本を中心とした情報をお届けしており、2022年12月現在チャンネル登録者数は20万人を超えました。

さて、冒頭の数行で「有隣堂」を連呼しましたが、この本を手に取ってくださった皆さまのなかには、「有隣堂」ってどんな会社？　とお思いの方も多くいらっしゃると思いますので、まずは当社について紹介させていただきます。

有隣堂は、神奈川を中心に東京・千葉に約40店舗を展開している書店です。書店としての書籍・文具の販売に加え、官公庁や法人向けに事務機器等の販売、音楽教室の運営、図書館や地区センターの運営などもおこなっています。横浜の伊勢佐木町で創業したのが1909年。神奈川県内ではそこそこ名前を知っていただいているかもしれませんが、若手が活躍するベンチャー企業！　というわけでも、あの会社なんか面白いよね！　と言ってもらえるようなユニーク企業というわけでもありません。コツコツと本や文房具を販売し続けて110年余り、社員の平均年齢が40代後半（と割と高め）の、ごくごく普通の地方書店です。

そんな弊社のYouTubeですが、
「破天荒すぎるYouTubeチャンネル」
「MCがぶっ飛んでる」
「出演する社員が自由すぎる」
……などなど**「普通ではない」ことを評価してくださるコメントが多い**ようです。

そんな「有隣堂しか知らない世界」ですが、地味で真面目《まじめ》が取り柄のような会社が、なぜ突然「普通ではない」YouTubeチャンネルを始めることになったのか？　そして、どうやってチャンネル登録者数20万人を超すチャンネルになったのか？

本書では、その始まりの話から、その後約3年の間に起こったこと、そのなかで私たちが感じたことや考えたことを正直につづっていこうと思います。

この本を手に取ってくださった方のなかには、「会社でYouTubeを始めることになったけど、何から手をつけたらいいのだろう」とか、「始めてはみたものの全然見てもらえなくてどうしたらいいのかわからない」という方も、もしかしたらいらっしゃるかもしれません。

企業が公式YouTubeチャンネルを立ち上げる動機は様々だと思います。

私たちも、今では「有隣堂を知ってもらいたい」「有隣堂のファンになってもらいたい」というはっきりとした目的でチャンネルを運営していますが、YouTubeを始めたきっかけは、社長の「YouTubeやるぞ」という一声でした。

始めるにあたっての当初の目的は「動画関連での収益化」「取引先との関係強化」「動画ノウハウの蓄積」などでしたが、あとから聞いた話だと、社長の気持ちの根底には「縮小していくばかりの書店業界で、従業員に成功体験を得てもらいたかった」という思いがあったそうです。

そんな話はつゆ知らず、とにかく社長もやると言っているし、やるしかない！　と、勢いのまま始めることになった私たち。でも、今思えばそれがよかったのかもしれません。考えすぎてやらないよりも、できることからやってみる！　やりながら、進んでみる！というのは、新しいことを始めるときにはあながち悪くなかったと思うのです。

「成功体験」というにはまだまだ発展途上の私たちのチャンネルですが、その後も言い出しっぺの社長による「口は出さないが責任は取る」という肝の据わった全面バックアップのもと、試行錯誤を繰り返しつつ、とにかく前だけを見て進んできました。結果、「真面目」で「地味」な今までの有隣堂では考えられなかった、企業YouTubeとしては「かなり自由な」チャンネルになり、視聴者の皆さまと一緒に、私たち自身も楽しみながら、ここまでこられたのかなと感じています。

そんななかで、最初に「有隣堂さんのYouTubeの話で本を作りませんか？」とお声がけいただいたときには、「え、私たちにお話しできることなんて何もないですよ」と戸惑ってしまったというのが正直なところでした。ですが、戸惑いながらもまたとない機会だと考えてお引き受けし、これまでの軌跡を振り返ってみたことで、私たちのやってきたことの整理がつきました。そして、まだまだこれからも楽しんでいただける動画を、そして動画から生まれる新しい出会いを、チーム一丸となって視聴者の皆さまにお届けしていきたいと、気持ちを新たにした次第です。

この本を読んでくださる方にもYouTube運営の裏側（ポンコツ奮闘記！　笑）を覗《のぞ》いてもらい、デジタルとは無縁の担当者が、あっちこっちぶつかりながら歩んできた道のりを、「もっとこうしたらよかったのに」「あの動画の収録現場はそんな雰囲気だったんだ！」など、自由な感想を持って楽しんでいただけると嬉《うれ》しいです。

2022年12月

目次
contents

第4章 信じて続けて見えてきた世界

出演者インタビュー

YouTubeチームインタビュー

インタビューの聞き手・構成＝編集部

第1章

はじまりは社長の一声

はじまりは社長の一声

◆予想外の宣言に「まさか!」

「YouTubeをやるぞ!」

青天の霹靂《へきれき》とはまさにこのこと。忘れもしない2019年12月、当時は副社長だった現・社長の松信《まつのぶ》健《けん》太郎《たろう》が、企画開発部メンバーを集めてそう宣言しました。

この宣言は、**これからはオウンドメディア（自社メディア）が必要だ、という前提のなか「そのなかでもすぐに着手できるのはYouTubeなのではないか」という考えからきたもの**でした。

当時私が所属していた企画開発部業態開発課は、新しい事業を企画し、立ち上げるために作られた部署です。それまでにも書店の新店舗のみならず、新しいコンセプトや業態の店にチャレンジしてきました。

その象徴が、HIBIYA CENTRAL MARKET（ヒビヤセントラルマーケット／東京ミッドタウン日比谷）です。この施設は、本はもちろん、食事や酒を提供する飲食店や、アパレルショップ、理容室までが揃《そろ》う、小さな街のような複合施設です。有隣堂＝書店、というイメージを持たれている方には驚かれるような店かもしれません。私はこの店の立ち上げからかかわり、初代店長を務めました。今になって振り返ると、私の20年近くの会社員生活のなかで、最も過酷な仕事であり、また、やりがいのある仕事でもありました。

理容ヒビヤ（理容室）↓

↓一角（居酒屋）

HIBIYA CENTRAL MARKET内施設の一部

そういった経験があったので、新しいことに対する抵抗感は少なかったのですが、聞かされたのは新店の立ち上げではなく、まさかのYouTube！

あまりにも予想外の展開だったので、最初のうちは、冗談か本気かわからず戸惑いましたが、社長の本気の訴えに、次第に前のめりになって話を聞く自分が。話が終わるころには、「社長がこう言っている以上、やるしかない！」と、私自身の覚悟も決まっていました。

◆「座して死を待つな。やらないのがいちばんよくない」

当時のYouTubeといえば、オリエンタルラジオ・中田敦彦さんの「YouTube大学」が始まるなど、これまでテレビで活躍していたタレントさんや芸人さんたちが、YouTubeに参入しはじめていた時期です。

書店や出版社などでも、サイン会や講演会の様子を動画で流したり、書籍のプロモーション動画を上げたりといった、動画を活用して宣伝をおこなう取り組みが広がっていました。

しかし、本の紹介動画や、まして、有隣堂が始めることになる**「宣伝を目的としない」エンタメ色の強いYouTubeをやっている企業は、当時ほとんど見たことがありませんでした。**

また、この話を聞いたのは新型コロナウイルスが流行する前です。その後、コロナの感染拡大でステイホームが呼びかけられ、多くの人が自宅にこもることを余儀なくされるようになったことで、動画の視聴時間が増えていったようですが、この「YouTube開始宣言」を聞いたころ、少なくとも私自身は、ほとんどYouTubeを見たことがありませんでした。

それでも話を聞きながら、**YouTubeはこれからの有隣堂にとって必要なコンテンツであり、**

大きな武器になると思ったのです。そう思ったのは、現状への強い危機意識があったから。

先にお話ししたヒビヤセントラルマーケットを立ち上げるとき、松信がよく言っていたのが、「このまま同じことを続けているだけではダメだ」という言葉です。書店の売り上げが落ち続けている今、このままではダメだ。有隣堂は文房具を売ったりカフェを併設したりと、書店以外にもいろいろやっているけれど、このくらいの変化ではほとんど意味がない、と。だから、**一度、振り子を思い切り反対側まで振り切らせなければいけない**ということで、初めての業態への進出を決断したという背景がありました。その危機意識を、私たちも共有していたのです。

YouTubeを始めることは社長による決断ではあるけれど、話を聞くなかで私たちもその必要性や始める意義を感じ、前向きな気持ちになっていました。

松信がよく言う**「座して死を待つな。やらないのがいちばんよくない」**という言葉が染みついていたので、「まずはやってみよう」という気持ちが芽生えたのかもしれません。

そんな流れで立ち上げることになったYouTubeですが、当時の課の所属メンバーは、課長（鈴木由美子《すずきゆみこ》）、私、契約社員の３人。実質的に課長と私が、YouTube立ち上げのメンバーとなりました。無茶振りには慣れているとはいえ、YouTubeは未知の世界。ここからYouTube立ち上げに向けての怒濤《どとう》の日々が始まりました。

知識ゼロからはじめるYouTube

◆YouTubeの「チャンネル登録」すら知らなかった

社長の一声を受けYouTubeを始めることは決まりました。けれど、このときの私たちにはYouTubeに関する何のノウハウもありません。

それどころか、当時の私は恥ずかしながら「YouTubeのチャンネル登録ってなに？」という状態で、まさに知識ゼロからのスタートとなりました。

そこでまず、個人でできることとして、YouTubeのノウハウ本を複数冊読んでみることにしました。並行してHIKAKINさんなど、有名なユーチューバーのチャンネルも勉強のためにチェックしていきます。

そうしてはっきりわかったのは、**自分たちの力だけでは到底始めることができないだろう、**ということでした。当たり前のことですが、人気の動画はコンテンツの内容や編集の手法など、あらゆる見せ方のクオリティが高い。知識ゼロの私たちは、動画制作会社なり、コンサルティング会社なり、外部の会社と組むしかないだろうなと思い知らされたのです。

そんな折に松信から、この件についてはある制作会社と話がついていると知らされました。

そのため、立ち上げに関しては、まず松信が決めた制作会社と内容について打ち合わせするところから始めることになりました。

◆書店が書籍を紹介するのは自然なこと?

では「有隣堂」のYouTubeで何をやるのか。

その制作会社が提案してくれたのが、書籍の紹介動画を作って流す、という案です。まずはトライアルとして、2020年2月からスタートし、2週間に1回の更新を3か月間続けてみようということになりました。

書籍の紹介動画を作ることに関しては、制作会社からの提案ではありましたが、私たちはこれを何の疑問もなく、むしろ前向きに受け止めました。というのも、有隣堂は書店なのだから、自社のYouTubeで書籍を紹介するのは自然なことだろうと考えたのです。

振り返ってみれば、そもそも内容に疑問を抱いたり、別案を出すほどの余裕も余地もなかった。当時の私たちはそういう状態でした。

実際に動画制作を進めるにあたり、制作会社と有隣堂との役割分担を次のように決めました。

紹介する本を選び紹介原稿を書くところまでを、私たちがおこなう。その後、動画を作成、編集するところは制作会社にお願いする。有隣堂の番組なのだから、少なくとも原稿作成までは自分たちでやるべきだと考えたのです。

しかし、実際に始めてみると本を読みこんで8分程度の動画用の原稿を書く、という作業を2週間間隔でおこなうのは想像以上に大変で、非常に頭を悩ませることになりました。

なんとかしてたたき台となる原稿を書きあげたあと、課長によるチェック、修正を経て、制作会社にアニメーションを作ってもらいます。動画で流すナレーションに関しても、テスト時は制作会社にやってもらいましたが、試行錯誤を重ねるうちに、有隣堂側で入れたほうがいいだろうという判断にいたり、私たちで担当することにしました。

ここで登場するのが、のちにYouTubeチームに加わり、MCであるR.B.ブッコローの黒衣《くろこ》として大活躍することになる鈴木宏昭《すずきひろあき》です。

当時、鈴木は店舗運営部にいたのですが、以前同じ店舗で働いていたこともあり、私は若いころから彼の人となりをよく知っていました。そしてナレーションを社内の誰に頼むかを考えたとき、真っ先に彼の顔が思い浮かんだのです。その理由は声がいいから……ではなく、彼なら断らないだろうという確信があったから。詳しくは次項でお話ししていきます。

書店なのに……本のレビュー動画の難しさ

◆できることはなるべく自分たちで

有隣堂という会社は、**自分たちにできることはなるべく自分たちの力でおこなう、という傾向が強い**と感じています。それはあまり多くの予算をかけられない社内事情によるものでもあるし、社内に多彩な人材がいるからできることでもあると思っています。そして私たちのYouTubeでも、様々な局面で、この精神が発揮されることになります。

その一歩目が、先ほどもお話ししたナレーション人材の起用でした。

先述のように鈴木に声をかけることになるのですが、私はこれまでの経験から、鈴木はどんな仕事でも前向きに取り組む人間であることを知っていたので、彼なら断らないだろうという自信がありました。

さらに、書籍の紹介動画を作るにあたって、鈴木が私たちの想定していたターゲットに近いというのも理由のひとつでした。当時想定していた視聴者は、主に20代から50代くらいまでの男性のビジネスパーソンだったので、ナレーターもその世代の男性の声がいいだろうと考えていたのです。

そして私の目論見《もくろみ》どおり、鈴木は二つ返事で引き受けてくれました。

とはいえ、当時の鈴木は私と同じくYouTubeをほとんど見たことがない状態で、私たちが何をやろうとしているのか、よくわからないまま引き受けたようです。

それでも、社長直轄《ちょっかつ》のプロジェクトなのに、一社員の自分が「できない」と断るのはあり得ないと思った、というのが、当時を振り返ったときの鈴木の言葉でした。

◆「ネタバレできない」という難しさ

本を紹介する有隣堂YouTubeのチャンネル名は「書店員つんどくの本棚」。

記念すべき初投稿は、2020年2月25日でした。

「【8分で解説】天職の探し方　～仕事選びのアートとサイエンス～」というタイトルで、『仕事選びのアートとサイエンス　不確実な時代の天職探し』(山口周著、光文社新書)という書籍を紹介しました。

「皆さんの毎日にちょっと役立つ、そんな本をご紹介します」という鈴木のナレーションとともに、本の読みどころやポイントを紹介するアニメーションが始まります。紹介するのは「つんどく兄弟」というナビゲートキャラクターです。

この動画を皮切りに、2週間に1本、本の紹介動画を投稿していくのですが、先にも触れたように、様々な業務の合間に紹介原稿を作成するのは思った以上にハードな仕事でした。本を選ぶところから始まり、著者の意図を正しく汲《く》めているだろうか、見てくださる方にわかりやすく伝わる内容になっているだろうかと、悩みは尽きません。

また、**紹介する本によっては、「ネタバレができない」**という難しさもあります。

当時取り上げていた本は主にビジネス書だったので、ネタバレの問題はさほどなかったものの、小説やコミックではそうはいかなくなるでしょう。このチャンネルを始めてから、YouTubeで「本」を扱うことの難しさを痛感しました。

そして、それは今でも変わらず感じていることです。現在のチャンネルになってから、本にかかわる動画を作りたいと思いながらなかなか実現できていないのですが、それはこの「ネタバレ厳禁」ということが非常に大きな理由です。

そんなこんなで苦労しながら原稿を書き、制作会社にアニメーションを作ってもらったあとに、鈴木にナレーションを付けてもらうというローテーションを繰り返しながら、2週間に1回、3か月で6本の動画をアップしたのですが、これが全くウケなかったのです。

3か月後の登録者数200人に「もうやめたい」

◆動画制作も内容も「全く面白くない」

3か月が経ち、**私たちのなかで「このやり方で続けていてはダメだ」という結論が出ました。**

なぜダメなのか？　この時点での**チャンネル登録者数がわずか200人ほどだった**のです。

おわかりの通り、再生回数は登録者数に比例します。当然、こちらも散々な数字でした。

YouTubeを始めるにあたって、私たちは当初から収益化を考えていました。制作会社と組むときに、このくらいの登録者数と再生回数になれば黒字化するという計画を出してもらい、まずはそこを目指しましょうという話をしていたのです。

とはいえゼロからのスタートなので、まずは3か月トライアルをして、その結果によって、本スタートを切れるかどうか検証することにしていました。

つまり、初めから何があっても3か月は続けることを決めていたのです。

ですが、YouTubeに張り付いて、計画とはおよそかけ離れた数字、つまり一向に増えない登録者数を眺める日々を過ごすうちに、3か月経つ前から、これを続けても意味がないな、と悟りました。正直、私自身は、もうやめたいとも思っていました。

社長も、この3か月間、登録者数をとても気にしていたようで毎日、通りがかりに、「全然ダメだな」と言われる有様でした。

登録者数が伸びない辛《つら》さに加えて、私が感じていたのは、**作っている自分たち自身が全く「面白さ」を感じていない**ということでした。動画自体も、動画を作る一連の業務もという二重の意味で面白くなく、YouTubeに対するモチベーションは日に日に低下していきました。

それでも、この形での本の紹介動画はもうやめたいと思っていたものの、**YouTubeをやめたい、という気持ちにはならなかった**のです。理由は、それでもYouTubeはこの会社に必要だという確信があったから。もうひとつは、私自身が不完全燃焼だったからです。

3か月続けることは、自分たちで決めたことなので、一社会人としてはやりきるしかない。その一方で、このあとできることは何なのか、〝次〟を考えるようになっていました。現状に苦しみながらも、何か別の方法があるはずだ、自分自身が楽しんでできるやり方があるはずだと、このときすでに目線は未来に向いていました。

なぜ失敗したのか。コロナがもたらした気づき

◆今後を考えるためのタイミング

YouTube に限らず、仕事では様々な「タイミング」が結果を左右するものです。タイミングをコントロールすることはできませんが、できるだけ味方に付けることはできると思います。

２０２０年2月、トライアル動画をアップしはじめたあとから、新型コロナウイルスがじわじわと広がっていきました。２か月後の4月には、最初の緊急事態宣言が発令されます。

新規事業を企画・開発する部署にいる私たちにとって、日頃から、様々な場所を「視察」することは大切な業務のひとつです。他の書店さんをはじめ、何か面白そうなイベントが開催される、新しい施設がオープンするといった情報を聞きつければ出かけて行って、新しい事業のヒントになるようなことを探るのです。

新しい店舗の立ち上げが決まると、そこに向けて全集中となるのですが、そうでない時期は、

このように気になる場所へと足を運んで、次の事業のためのアイデアを練っていました。

ところが新型コロナウイルスの感染拡大によって、この視察が難しくなっていきました。

このタイミングで私はYouTubeの仕事に向き合うことになり、**本の紹介原稿をうんうん唸《うな》りながら書く傍らで、わが社のYouTubeの今後を考える時間がたっぷりできた**のです。このタイミングを有効に使わなければ、と思いました。

また、コロナの感染拡大によってステイホームが呼びかけられるようになり、これまで以上にYouTubeの需要が高まっているようでした。新たにYouTubeチャンネルを開設するタレントさんや芸人さんも増え、YouTubeをやる意義を改めて感じることにもなりました。

◆必要なのは「主体性」と「面白さ」

登録者数が全く増えていかない状況に、胃がキリキリする日々が続いてモチベーションが下がっていたこともあり、このタイミングで一度自分の気持ちを見つめなおすことにしました。

やるんだったらちゃんとやりたい。では「ちゃんと」というのはどういうことか？

あれこれ考えるうちに、私は「主体的」に取り組みたいんだ、という考えに行き着きました。

外部の会社と協力してやる体制は変わらないにしても、「有隣堂」のYouTubeである以上、当事者として主体的にかかわらなければいけないことに気づいたのです。

次に、この3か月のトライアル期間の失敗要因を、当時の課長と整理しました。

そこで挙がった主な失敗要因が次の4つです。

第1に、コンテンツが少なすぎること。トライアルでは2週間に1回しかアップできていなかったのですが、これでは誰の目にも止まりません。投稿頻度を上げなければいけないと考えました。

第2に、コストがかかりすぎていること。制作会社に支払うお金と同時に、時間もかかりすぎていました。そしてその費用に見合うだけの効果が出ていませんでした。

第3に、全く有隣堂のPRにはなっていないこと。これは登録者数も視聴者も少なく、チャンネル自体が認知されていないからで、YouTubeは、まずは見てもらわなければ始まらないのだと痛感しました。

そして**第4に、内容が面白くないこと。**言うまでもなく、これが最大の問題でした。

本だけではない　有隣堂の「強み」を考え抜く

◆有隣堂ならではの強みとは何か

４つの失敗要因が明確になりましたが、では解決するためにはどうしたらよいのでしょうか。まず、２点目のコスト面の問題については、プロに任せるべきところと、自前でやる部分の役割分担の見直しが必要だろうと考えました。そのために、現状の体制の変更を視野に入れはじめていました。トライアルの３か月が終わるころには、このまま続けていても仕方ないというのが課長と私の間での共通認識だったので、新しい外部パートナーと組むことを検討していたのです。

そして４つの失敗要因のうちのほかの３点は、内容にかかわることです。

有隣堂だからこそできる「面白い」動画とは何だろうか、と考え続けました。これは有隣堂の〝強み〟にかかわることでもあるので、ここでいったん有隣堂という会社について簡単にご説明します。

創業当初の「第四有隣堂」外観

明治42（1909）年、現社長の曽祖父である松信大助が横浜市伊勢佐木町1丁目7（現在の有隣堂伊勢佐木町本店所在地の一角）に、個人経営の「第四有隣堂」という書店を創業したのがわが社の始まりです。間口2間《けん》（約3m64cm）奥行き3間（約5m46cm）、木造2階建ての店舗で、書籍・雑誌の販売を開始しました。

そして**創業から現在まで変わらず、書店業は有隣堂の根幹**です。

しかし、現在販売しているのは本だけではありません。店舗に来ていただいたことのある方はご存じかもしれませんが、文房具も、食品も扱っています。また、書店経営だけでなく、カフェ、居酒屋、眼鏡屋、理容室、音楽教室も運営しています。

それから、外商部門を通じて、企業や研究機関、学校などとの取引もおこなっています。

書店という軸をもちながら「多角的な経営」をおこなっているのが、私たちの強みです。

社長の松信はよくこう言います。**「書籍を売ってきた信用力で、書籍以外の『モノ・コト・トキ』を売る。同時に、書籍以外の『モノ・コト・トキ』の力を借りて、書籍を売り続けていく。その両輪を回していくのが有隣堂なのだ」**と。

では、こうした有隣堂の強みを、どのようにYouTubeに落とし込んでいけばよいのか。

この点については、私たちだけで考えていても一向に答えが出ず、悶々《もんもん》としていたところにある人が現れ、答えに近づくことができました。現在の有隣堂YouTubeチャンネル**〈有隣堂しか知らない世界〉のプロデューサー、ハヤシユタカさんの登場です。**

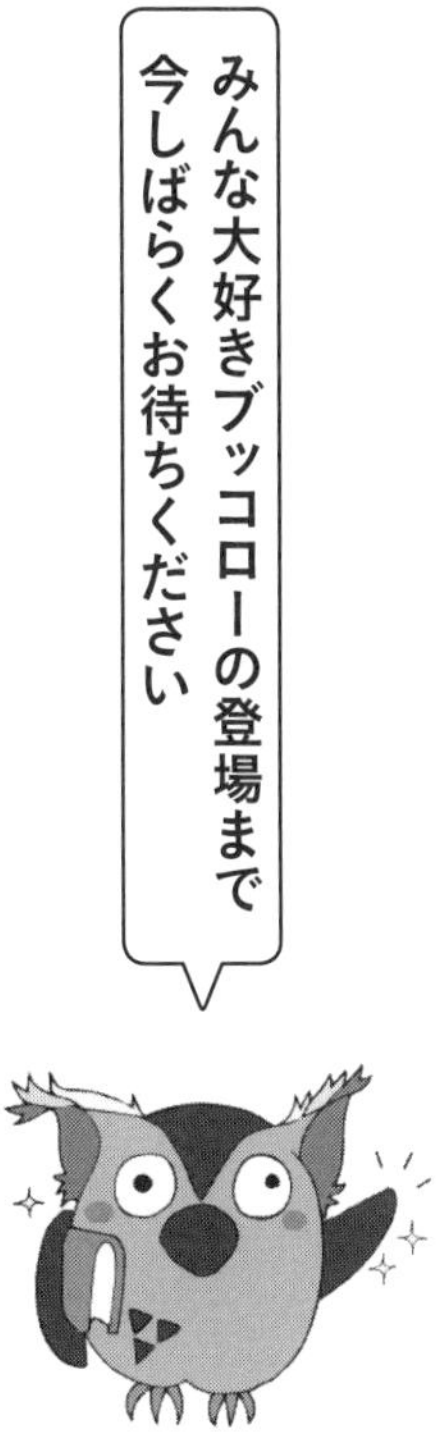
みんな大好きブッコローの登場まで今しばらくお待ちください

〝熱さ〟に打たれて——「ハヤシさんにお願いしたい」

◆「主体性」が生まれる会話

プロデューサー兼ディレクターである動画クリエイターのハヤシユタカさんは、社長の松信の古くからの知り合いで、YouTubeをやったらどうですか、という話を持ち掛けていたうちの一人でした。3か月のトライアル時は動画制作会社に頼むことになったものの、松信を、いわば〝焚《た》きつけた〟一人として、有隣堂のYouTubeをずっと気にしてくれていたそうです。

そうして見てくれていた私たちの番組が全然面白くなかった。私たちがすごく困っていたこともあり、トライアル期間が終わるころから、相談に乗ってくれるようになりました。今思えば、ハヤシさんなりに責任を感じていたのだと思います。

ただ、3か月が終了した時点では、依頼していた動画制作会社からも、新たな方向性の提案を受けていたので、これからどうしていくかは模索中の段階でした。それでも、ハヤシさんと話しはじめてすぐに、私たちは「ハヤシさんにお願いしたい」と思うようになりました。

というのは、**ハヤシさんはよく「有隣堂さんしかできないことをやったほうがいいですよ」と言っていて、それはまさに私たちが理想とするチャンネルの姿だった**からです。

そこで先ほど述べた、私たちが考える有隣堂の強みについて、ハヤシさんと意見交換をするようになっていくのですが、とにかく、話が盛り上がるのです。様々なアイデアを出してくれると同時に、「有隣堂さんはどう思うんですか？」と、常に問いかけてくれるので、おのずと私たちもアイデアを出さなければいけないという気持ちになっていきます。これは、トライアル時の動画制作会社との関係では生まれなかった感情です。

私が足りないと感じていた自身の「主体性」が、ハヤシさんとの会話では、自然に生まれていることに気づきました。何より、そういった会話がとても楽しかったのです。

これまでのキャリアや仕事で培われてきたハヤシさんの知識や経験、ノウハウ……そうしたものに魅力や信頼を感じたことは確かです。ですが、それ以上に私が打たれたのは、**YouTubeへの〝熱さ〟**でした。ハヤシさんの持つ熱量に感化されて、自分たちのYouTubeを成功させたい、成功させなければ、という気持ちが高まっていったのだと思います。このとき感じたハヤシさんの熱量は、2年半たった今も、全く変わっていません。

最終的には社長の決断で、**ハヤシさんをプロデューサーに据《す》え、有隣堂のYouTubeをリニューアルすることが決定しました。**

味噌汁を鰹節削りから始める女

事業開発部　商材開発・店舗プロモーション課
長谷部真維さん

――YouTubeに出演が決まった際の心境を教えてください。

出演のきっかけはYouTubeの担当者の方から出ませんかと声をかけてもらったことです。有隣堂のYouTubeは全部見ていて、面白いなあと思っていました。マニアックな社員が結構出ていて、有隣堂らしさがよく出ているなと。ただ、自分が出ることに関しては、前向きな気持ちとそうでない気持ち……正直言って、半々でした。人前に出るのも、しゃべるのもあまり得意ではないので。

――迷いもあるなか、なぜ出演を決意されたのでしょうか？

有隣堂の飲食部門も頑張っているよ、ということを、主に有隣堂の「社内」に伝えたかったからです。やはり本がメインの会社ですから、明日から飲食部門に行ってくださいと言われると、えっ……となる社員が多いんですね。飲食に苦手意識を持っている人が多いというか、言葉を選ばずに言うと、ちょっと煙たがられている部分もあると思うんです。

でも飲食も頑張っているし、社内の人の協力がないと発展しません。現在興味のない人に、飲食も楽しそうだなと、少しでも思ってもらえるきっかけになればと思って出ることにしました。

――「トチメンボー」はじめ、〝攻めた〟料理を紹介されています。動画で紹介するものはどうやって決めていますか？

〈【美味《うま》かった】本に出てくる料理のレシピの世界〉で作った「トチメンボー」は、私が作ってみたかっただけです。これは『吾輩《わがはい》は猫である』に出てくる架空の料理なので、実際にお店で出すのは絶対無理なんですよ。だから想像でできる限り再現して作ってみたいと思いました。「栃麵《とちめん》」にはどんぐりの粉を使うことにしたのですが、手打ちパスタは作ったことがあったものの、どんぐりの粉を入れて麵を打つのは初めてで、新大久保まで買いに行ったりと、けっこう大変でした。毎回、撮影まで約2週間でレシピを考え、食材をそろえて家で何度も試作して……とやっているので時間が足りないんです。

でも、やりたがりなので、やったことがない料理に挑戦したくなってしまいますね。ただただ自分の欲で。経費はYouTubeの担当者が持ってくれるし、楽しんでいます（笑）。

――ブッコローの感想がネガティブなときがあります。率直な感想をどう受け止めていますか？

〈本に出てくる料理のレシピの世界〉シリーズのなかで、一番忠実に再現できて一番満足しているのが、「レ・ミゼラブル」に出てくるスープです。19年間の監獄生活を終えて町に出てきたジャン・バルジャンが、教会で口にするスープです。これが、一番評判が悪かった……。

料理人としては「美味しくない」というワードはグサッとくるんですけど、これは美味しくないのはわかっていた上で作りたかったので、正直な感想として受け止めています。

——動画に出演されてから、どのようなリアクションがありましたか？　どのようなコメントが嬉しいですか？

コメント欄はあまり見ていないです。ただ、**社内のスタッフに、「見ましたよ」と声をかけられることがたまにあって、その人の頭のなかには入りこめたかな、と思うことは何度かありました。**もともと、社内の人に知ってもらいたいと思って動画に出たわけなので、少しは目標が達成できたかなと。

——ブッコローについて率直なご意見をお願いします。

実際に会うと、意外と礼儀正しい人なんだなと思いました。動画を見ているときは、失礼ながら、もう少し雑な感じの印象を持っていたんです。

そして本当に話がお上手な方です。私は本当に口下手なので、話が弾んでいるように見えるのは、ブッコローさんとプロデューサーさんの編集のおかげです。**お二人のおかげで、任せておけば大丈夫、という安心感を持って自然体で挑めています。**

——ご自身の出演動画以外に、好きな動画はありますか？

有隣堂のYouTubeでいちばん好きなのは、佐藤貴広《さとうたかひろ》課長のプロレス雑誌の世界です。再生回数は少ないみたいですけど、すごく愛が伝わってきて、それがいいなと私は思っています。

――長谷部さんは転職で有隣堂に入社されました。有隣堂に入社されたきっかけ、入った後の印象は？

もともと私はパティシエでした。その後、カフェで働いたり、ビストロで働いたり、居酒屋で働いたり、星付きのフレンチで働いたりと飲食ばかりやってきて、3年前に外部スタッフとして有隣堂と一緒に仕事をする機会を得たんです。そのとき、**社長がスタッフに向けてお話ししていた「失敗したっていいんです」という言葉がすごくいいなあと思って。**失敗したって謝ればいい、自分も一緒に謝るからとにかくやってみようと。実際はもう少し重みのある、いい言葉で言っていたんですが、私の言葉になるとチープになってしまってすみません。でも**当時はこの言葉がすごく響いて、その場で「入れてください」と社長に直訴してしまった。**有隣堂も飲食をやっているけれど、専門の人材が足りていないということだったのでここで働きたいなと思ったんです。

実際に入ってみると、社長と同じ意識の人もいればそうでない人もいて、正直なところ、社長の言葉をみんなが実行できているという感じではまだない印象です。それでも私自身はそこに向かって、楽しくやらせていただいています。

文房具王になりそこねた女

事業開発部　商材開発・店舗プロモーション課
岡﨑弘子さん

――YouTubeに出演が決まった際の心境を教えてください。

最初はよくわかっていなかったんです。 好きな文房具を持ってきて、と課長に言われたので、机にあるものを持って行って、皆さんと楽しくお話ししていたら、それがYouTubeの番組の打ち合わせだった、という感じでした。出ることに対して、緊張や、私でいいのかなという不安はありましたが、抵抗はありませんでしたね。以前テレビのクイズ番組に出たこともありますし、会社が決めたことならやりますよ、という気持ちでした。

――いつから文房具が好きなのですか？　どんなところが好きですか？

小さいときから好きでした。幼い頃、家の隣が文房具屋さんだったんです。毎日、学校が終わるとお隣に遊びに行って、文房具を眺めたり、店主の方とお話をするのが楽しくて。たまに何か買って家に帰るというのが日課でした。折り紙や消しゴム、ノートなど、日常的に使う文房具が好きでしたね。好きな理由はたくさんありますが、たとえばシャープペンの芯なんて、すごく細いじゃないですか。そういう小さな世界で、一生懸命開発を重ねていらっしゃる人がいることに感動するんです。

――動画で紹介するものはどうやって決めていますか？

最初のキムワイプのときは、プロデューサーさんが決められたんですが、「え！　これなんだ」とびっくりして。みんなが知ってるものだと思っていたので、その場の誰も知らないことにも驚きました。私が知ったのはいつだったか……ずいぶん前なので、はっきり思い出せないです。ツイッターで文房具関係のマニアックな方たちやメーカーさんをたくさんフォローしていて、そのなかで知りました。

その後は、自分が面白いと思うものを、YouTubeの担当者にお伝えしています。とはいえ、みんなが興味のあるものを、ということで商品を提示されて撮ることも多いです。ただ、ネタはいつも探していて、いろんな店舗にしょっちゅう足を運んでます。仕事でも、仕事以外でも、文房具や雑貨を見に行くのが好きなんです。

――動画に出られる前から、「岡﨑さんファン」がいらっしゃったとお聞きしました。接客で心がけていることは？

むしろ私のほうが、お客さまのことが気になるんです。なぜその文房具を買われるんですか？　とか、普段は何を使っていらっしゃるんですか？　とか、気になってしまって……つい、聞いちゃいます。フレンドリーにしゃべってくださる方と仲良くなって、一緒に文房具を選ばせていただくこともありました。たくさん買われる方に対しては、そんなに買えていいなあ、私も欲しいなあなんて思ったりもしていますね。なので、**接客というよりは、私の個人的興味からお声がけしている感じ**です。あまり声をかけずに、静かに選んでいただくことも大事だなとは思っているのですが。

――動画に出演されてから、どのようなリアクションがありましたか？　どのようなコメントが嬉しいですか？

お客さまやメーカーさんから、YouTubeを見てますと声をかけていただくのは本当にありがたいですし、励みになります。お手紙をいただくこともあって、なかでも、ガラスペンフェアの後にいただいたお手紙は感動しました。そのときに買ったガラスペンとインクを使って書きました、と丁寧な文面で書いてあって。**人生で手紙なんてほとんどもらったこともないのにそんな素敵なお手紙をいただくなんてびっくりしたし、これはYouTubeをやっていたからだなあと嬉しく思いましたね。**

コメントは楽しみに全部拝読しています。もうね、このコメントの方が出てくだされればいいのに、って思うくらい、面白いんです。遠方に住んでいる母はYouTubeを楽しみに見てくれているんですが、母もコメントを全部チェックしているみたいです（笑）。

――ブッコローについて率直なご意見をお願いします。

最初見たときは、驚きました。あの大きさに。テスト動画でその前のご先祖様（軍手）を見ていたから、よりびっくりしたのかもしれません。あ、これはぬいぐるみに対しての感想です。中の人はとにかく面白いですね。最初のころ、私はかなり緊張していたんですが、ブッコローのお話が面白いから、だんだん緊張がほぐれていったというか、普通にしゃべれるようになっていきました。予想に反する反応もけっこうあるんです。私が半信半疑のものへの食いつきが良かったり。その反対もある。**ブッコローの反応を見て、一般の方はこうなんだなと、知ることも多い**ですね。

――ご自身の出演動画以外に、好きな動画はありますか？

国語辞典の動画〈日本一売れる辞書「新明解国語辞典」の世界〉を見たら欲しくなっちゃいました。辞書ってこんな面白いこと（語釈）が書いてあるんだと、おかしくておかしくて。まだ取引をしたことのないメーカーの社長さんと、初めて商談をしたときにも、この動画の話になりました。有隣堂のYouTubeのファンだそうで、「新明解国語辞典」を買われたそうなんです。で、熱く語られて。1時間の商談中、40分くらい、YouTubeの話をしていたと思います。最初、飛び込みでお電話したんですが、「有隣堂の岡﨑です」と名乗ったら、誰かわかってくださったようで、社長さんが電話口に出てくださったんです。それがとてもありがたくて、ずっと印象に残っています。

――岡崎さんがセレクトした文房具・雑貨を扱う常設の売場「岡崎百貨店」がオープンしました。お気持ちを聞かせてください。

YouTubeをきっかけに、遠方の方まで有隣堂に来店してくださるようになり、そういう方たちのために、オススメのアイテムをきちんとした形で展開したいというのが「岡崎百貨店」を立ち上げた理由のひとつです。

私には幼い頃にデパートに連れて行ってもらった楽しい記憶があるのですが、お店にお越しいただいた方にもそのようなワクワクするような気持ちでお買い物を楽しんでいただけたら嬉しいです。

「岡崎百貨店」はヨーロッパの小さな蚤《のみ》の市をイメージして、ガラスペンなどの文具のほかアクセサリー、お菓子、一点もののヴィンテージ雑貨など私が偏愛する商品をちいさくてぎゅっとしたスペースに詰め込んでいます。ちいさな空間でも、お店のなかでここだけ雰囲気が違う！という世界観を作っていけたらと思っています。**「岡崎百貨店」を訪れた方の〝ここに来たら面白いものがある〟という期待に応えていきたいと思っています。**

第２章

振り切ったリニューアルへ

リニューアル変更点①
商品愛と知識のあるスタッフを出す

◆プロデューサーの「超速」スピードに食らいつく

ハヤシさんをプロデューサーに迎え、YouTubeのリニューアルが決定したのが、2020年5月末。

そして、リニューアル後の初投稿が6月30日です。

振り返るとYouTubeを始めてから、この期間が最も大変で、怒濤の日々でした。ですが、約1か月という、私たちの感覚からすると「超速」でリニューアルできたのは、ひとえにハヤシさんのスピード感によるものでした。

「遅いですよ」「なんでこんなに時間がかかるんですか」と、このときから今にいたるまで事あるごとにお尻を叩《たた》かれながら、私たちはハヤシさんのスピードに必死に食らいついていくことになります。こうして**自分たちだけでは持ち得なかった速さで決断・実行するようになったことで、抜本的なリニューアルとその後の成功につながった**のです。

◆自覚なき「商品愛」を活かしたい

リニューアルにあたって、私たちが見直したのは**大きく3つの点**でした。

1点目は、**私たちの「強み」を活《い》かすチャンネルに変えた**こと。

第1章でお話ししたとおり、有隣堂は本をはじめ、文房具、食品など、多彩な商品を扱っています。そうした**商品への「愛」と「知識」を持つスタッフがたくさんいるのだから、スタッフたちにYouTubeに登場してもらって情熱的に語ってもらおうと考えました。**リニューアル前の動画も社員がナレーションを担当していたものの、「つんどく兄弟」という架空のキャラクターによるアニメーションだったので、有隣堂の人間としては誰も出ていなかったのです。

この決断は、「有隣堂でしかできないことをやったほうがいい」という、ハヤシさんの意見に後押しされたものでもありました。有隣堂でしかできないこと、と聞いてぱっと浮かんだのがこの「スタッフの商品愛の強さ」だったのです。

私は有隣堂でしか働いたことがないので、他の会社や書店さんなどとの比較は難しいのですが、私自身が店舗で働いたり、店長を務めたりした経験から、**有隣堂は、現場の裁量が大きい**と感じていました。これを売りなさいと本部に命じられた商品をただ並べるだけではなく、店舗ごとに、スタッフが吟味して仕入れた商品を売っているのです。

そういう会社なので、**あの人はこの分野が得意だよね、あの人はこれが好きだよね、というスタッフの情報が社内である程度共有されていて、ある分野について知りたいことがあれば詳しいスタッフに相談するというネットワークができていました。**

そして、そういう土壌があるからこそ、私は以前から、うちの会社はこだわりの強い、面白い人が多いよな、と思っており、どうにかして仕事に活かせないかと考えていました。そんな経緯もあって、彼らがYouTubeに出てくれたら、きっと面白い番組になるだろうと考えたのです。

ただし、私が面白いと思っている人たち自身は、自分が面白いとか、商品知識が豊富だとは思っていないだろうということもよくわかっていました。**それは、みんなごく自然に商品を愛しているから。**自分がかかわる商品を愛するのは当然のことだから、そのことが魅力になると自覚していないのです。

また、そういったスタッフたちはシャイで真面目な人が多く、自分から積極的に知識をアピールすることがほとんどありません。せっかくの武器を活かし切れていないのではないか、もったいないな、という思いもありました。

そういった背景もあり、私たちYouTubeチームで出演してくれそうなスタッフに当たりをつけ、その商品への愛と知識が魅力になる、ということを伝えながら打診していくことになりました。

余談ですが、このときから私はわが社の人間を、YouTubeに出てくれそうか、出たら面白くなりそうか、という視点で〝観察〟するようになっていきます。YouTubeによって、人を見るときの新しい視点が生まれたのです。

こうして打診を始め、「商品愛の強いスタッフ」代表としてリニューアル一発目で出演してくれたのが、「文房具王になり損ねた女」の通り名を持つスタッフ岡崎弘子《おかざきひろこ》です。

この一発目がヒットし、岡崎は、〈有隣堂しか知らない世界〉を背負うスターになっていきます。岡崎の起用の経緯は、のちほど詳しくご紹介します。

「文房具王になり損ねた女」が
「YouTubeで成り上がる女」に！

リニューアル変更点②「有隣堂」の名前を出す

◆名もない人の番組は誰も見ない

リニューアル後の**変更点の2点目は、YouTube のチャンネル名に「有隣堂」という名前を入れたこと**です。

以前のチャンネル名は「書店員つんどくの本棚」でした。なぜ社名を入れなかったかといえば、「企業チャンネルは敬遠される」と制作会社からのアドバイスがあり、あえて避けたのです。本を紹介するというチャンネルの性質上、企業名を出すと「ああ、書店が出版社と組んで何か宣伝をしているんだな」、と思われてしまうだろうという懸念があったようです。そういった背景もあり、〝宣伝臭〟を出さないために、トライアル時はあえて「有隣堂」の名前を使わない判断をしました。

その意識を変えたのは、プロデューサーであるハヤシさんの、外部からの視点でした。

「百年以上の歴史があり、地元の神奈川県民に愛されている書店なのだから、社名で見てくれる視聴者は一定数いるはず。名前は絶対出したほうがいい」と言われたのです。「**数多**《あまた》**のYouTubeチャンネルがあるわけだから、名もない人のチャンネルは誰も見ないよ**」とも。

言われてみればその通りで、**宣伝かどうかはチャンネルの名前ではなく、「中身」の問題**だったのだな、と気づきました。ハヤシさんの率直な意見に目の覚める思いでした。

YouTubeにとって、チャンネル名はいわば〝顔〟です。「有隣堂」の名前を出す決断は、私たちにとって、大きな方向転換となりました。

このふたつの変更点を踏まえて、プロデューサーのハヤシさんが、〈有隣堂しか知らない世界〉という現在のチャンネル名を提案してくれたのです。

リニューアル変更点③
「掛け合い」の構図をつくる

◆影響を受けたふたつのテレビ番組

商品愛や商品知識のある有隣堂のスタッフがYouTubeに出演することは決まりましたが、スタッフが一人でしゃべっていては、ただの宣伝になってしまって面白くありません。

プロデューサーのハヤシさんからは、有隣堂のスタッフを出すならば、同時に「客観的な意見を言える人」も必要だという指摘がありました。内輪ノリだけでは、見ている人にとっては寒いだけだからです。もともと私たちも、自分たちのYouTubeから〝宣伝臭〟が出ることを恐れていたので、なるほど、と思いました。

スタッフに対して、「それってどういうこと？」「何が面白いの？」と、フラットな立場から素直な感想や意見を投げかける存在がいてこそ視聴者は楽しめるし、詳しいスタッフも「これは実は」とか、「いやいや、それは」と前のめりになって、より輝くというわけです。

この考えにいたるまでに、ハヤシさんが、リニューアルにあたって参考にしていたテレビ番組がふたつありました。

ひとつは現在も放送中のトークバラエティ番組**「マツコの知らない世界」**（ＴＢＳ系）です。

この番組には、毎週、ゲストとして、何らかの分野にめちゃくちゃ詳しい人が登場します。

アニメだったり食だったり、紹介する分野は様々です。そのゲストとタレントのマツコ・デラックスさんがトークを繰り広げ、面白く、またわかりやすく深掘りしていくのですが、この番組のキモは何といってもマツコ・デラックスさんの鋭いツッコミや、ユーモアのあるリアクションです。マツコさんならではの**率直な疑問や意見によって、ゲストの面白さが引き立つ**のです。

私たちの「有隣堂しか知らない世界」を見たことのある方は、もうおわかりだと思いますが、このマツコさんの役割を担っているのが、われらがＭＣのＲ.Ｂ.ブッコローです。

そしてこれもきっとおわかりのように、番組名も、影響を受けています。

そして、ハヤシさんがこういう番組をやりたいと挙げたもうひとつが、**「saku saku」**でした。

これは、以前テレビ神奈川で放送されていたバラエティ仕立ての音楽情報番組で、ＭＣのパペットキャラクター（白井ヴィンセント）が、木村カエラさんら女性タレントさんと屋根の上でトークをするのですが、このパペットがかなり毒舌で人気を博していました（現在は放送終了）。

ブッコローの着想のもとになった、saku sakuのマスコットキャラクター白井ヴィンセントさんとの対談の様子

こうした独特の世界観を、有隣堂のYouTubeでも出したいというのです。

え！　キャラクターを作るということ⁉

驚きましたが、私自身「saku saku」が好きでよく見ていたので、すぐにイメージが湧き、これは面白そうだと思いました。一方、自分たちがこの番組に似たものを作るのは決して容易ではないと思ったので、たじろぎもしました。

こうして、新たに登場した課題に向かって考える日々が始まりました。

ここからどのように「ブッコロー」誕生へと辿《たど》り着くのか。キャラクターづくりについては、63ページから詳しくお話しします。

社長からＬＩＮＥで送られてきた「４原則」

◆これ以外、会社としてのタブーはない

様々な話し合いを経て、リニューアルの変更点が次の３つのようにまとまりました。

1　商品知識のあるスタッフに出演してもらう
2　有隣堂の名前をチャンネル名に出す
3　客観的な意見を言うポジションとして、キャラクターを立てる

YouTube を始めるぞ！　と言い出した社長は、リニューアルにあたって、基本的にはハヤシさんと私たちの YouTube チームに一任する、という姿勢でした。何かあったときの責任は自分がとるから、ハヤシさんと YouTube チームで思い切りやりなさい、という指示があったのです。

その上で YouTube の内容については、社長から守るべき４つの原則がＬＩＮＥで送られてきました。

・人権侵害をしない
・反社会的なことをしない
・誰かを傷つけることをしない
・著しく品性を欠くことをしない

この4つ以外は、会社としてのタブーはない、というものです。
この4原則は今も私たちの動画作りの指針になっています。

4原則があるとはいえ、もちろん判断が難しいところはあって、たとえば誰かを傷つける内容かどうかは、最終的には受け取り手が判断することでもあります。ただ、**私たちはこの原則に基づいて、誰かを傷つけないように最大限留意して、動画作りをおこなっています。**

そして、この4つ以外はタブーはない、という社長の言葉によって、プロデューサーはじめ私たちのなかに**「面白さ」をとことん追求しようという覚悟が定まりました。**

YouTubeに必要な３Ｈ――ヘルプ・ハブ・ヒーロー

◆居酒屋で人気の「唐揚げ」の作り方を伝授！　ではウケない？

プロデューサーのハヤシさんのもと、リニューアルに向けての作業を進める一方で、私自身も、個人的に面白いコンテンツとは何かを考えたり、資料を調べたりしていました。そのなかで知ったのが「３Ｈ」という理論です。

３Ｈとは、「ヘルプコンテンツ」「ハブコンテンツ」「ヒーローコンテンツ」の３つのコンテンツの頭文字を取ったもの。この３つのＨを意識した投稿がYouTubeには必要だという理論を知り、これだ！　と腑《ふ》に落ちたのです。

まず、ヘルプコンテンツとは、ユーザーが「情報」を得るためのコンテンツです。

現在アップされている有隣堂のYouTubeのなかでは、〈雑誌の紐《ひも》がけの世界〉がそれに当たります。書店員がどのように雑誌の紐がけをおこなっているか。ベテラン書店員が、ビニール紐とゴム紐を使って本気で実演した回で、書店員以外ではあまり知られていない「情報」を伝えることができたと思っています。

次に「ハブコンテンツ」とは、会社と視聴者のハブ（結節点）になるようなコンテンツです。具体的には、会社の製品やキャンペーンの情報などを定期的に発信することで、固定ユーザーを獲得していこうというもの。有隣堂の新商品や、今週の売り上げベスト10などを番組で伝えるイメージです。ポイントは「定期的な発信」をすること。続けることで、会社と視聴者との関係が強固になっていきます。

最後が「ヒーローコンテンツ」です。

これは、「ヘルプコンテンツ」と「ハブコンテンツ」で固めた地盤の上に乗るイメージで、注目度を飛躍的に高めるためのコンテンツです。たとえば私たち書店のYouTubeに当てはめると、著名な作家さんに出てもらえたらヒーローコンテンツになるだろうと考えました。

こうした3つの要素があると番組がうまく回っていくという理論に納得して、それぞれ、有隣堂でできそうな内容に落とし込んでいくことにしました。

当時、私が出したアイデアはこういうものでした。

「情報」を発信する「ヘルプコンテンツ」としては、東京ミッドタウン日比谷に入っているヒビヤセントラルマーケットの敷地内に、「一角」という居酒屋があるのですが、この店で人気の「唐揚げ」の作り方をYouTubeで伝授したらいいのではないか、と考えたのです。

次に「ハブコンテンツ」として考えたのは、有隣堂で扱っている文房具の紹介です。また、リニューアル前にやっていた本の紹介も、もう少しやり方や見せ方を工夫して、取り上げられたらとも思っていました。本と文房具は、有隣堂の主力商品だという意識があったので、定期的に紹介したいと考えていたのです。

そして「ヒーローコンテンツ」としては、先ほど述べたように、著者の先生をお招きする企画を考えていました。

◆すべて実現したわけではなかった、けれども無駄ではなかった

早速ハヤシさんに３Ｈの話と、それに沿ったコンテンツ案を提案したのですが、反応は薄いものでした。当時は「これだ！」と考えていたので残念でしたが、それでもこの３Ｈを考えたことは自分にとって意味のあることだったと思っています。なぜなら**私自身がそれまで漠然とこのチャンネルについて考えてきたことの整理になった**からです。

その後はそこまで「３Ｈ」を意識することはありませんでしたが、改めて考えてみると、現在の〈有隣堂しか知らない世界〉のコンテンツは、当時考えた「３Ｈ」を具現化したような内容が並んでいます。

例を挙げると、〈有隣堂しか知らない世界〉のなかでも大きな反響を呼んだ、作家の中山七《なかやましち》里《り》先生に出演いただいた回は「ヒーローコンテンツ」そのものでした。チャンネル登録者数「10万人」の分厚い壁に悩んでいた際に、〝24時間眠らない・食べない〟中山先生の動画が突破口となったのです。この話は、第3章で詳しくお話ししたいと思います。

僕が大切にしてる3H！
本音、本気、程よいユーモア！

エピソードゼロのＭＣは「軍手」だった

◆「動き」は見てみないと始まらない

先に、リニューアル後は「掛け合い」の構図を作ることになったとお話ししました。**商品知識のある有隣堂のスタッフが出るとともに、客観的な意見を言える立場として、キャラクターのＭＣを立てることになった**のです。

ハヤシさんの頭にあったキャラクターのイメージは、参考にした番組のひとつ「saku saku」に出てくるパペット（白井ヴィンセント）とのことでした。

ただでさえキャラクターを作ったこともないのに、あんなに完成度の高いキャラクターを作らなければいけないのか……。有隣堂で、自社のオリジナルキャラクターを作るのは初めてのことで、すぐにはどうしていいかわかりません。

しかし、６月末に予定しているリニューアル日は刻々と迫っています。

私たちは、キャラクターの造形を固める前に、まず、動きの確認をすることにしました。動画は、頭で想像しているのと、実際に動きを目で見るのとでは、印象がかなり異なることがあります。**「掛け合い」のイメージをつかむことで、キャラクターのイメージが湧いてくるのではないかと考え、社内確認用のデモ動画を撮影することにした**のです。

このデモ動画でMCを務めることになったのが、「軍手」によるパペットでした。当時の課長（鈴木由美子）が夜なべして、顔付きの軍手のキャラクターを作ってきてくれたのです。

現在のブッコローをご存じの方は、軍手……？　と驚かれるかもしれませんが、「人間」と「軍手」の掛け合いを目の前で見たことで、実際のキャラクターのMCが人間と掛け合いをおこなうには、どんな要素が必要なのかが明確になりました。

どんな造形のキャラクターがこの場所にいたら、動画として映えるのか。

また、どのくらいのサイズ感が適当なのか。

そして、有隣堂らしいキャラクターとは何なのか。

ブッコローが生まれる前の、この時期の産みの苦しみは今もはっきり記憶に残っています。

ブッコロー誕生　成功の秘訣《ひけつ》は子どもの視点

◆フクロウから着想を得る

現在のブッコローの造形のもとになったのは、有隣堂のコンセプトショップだった「STORY STORY」（小田急百貨店新宿店、現在は閉店）のロゴマークです。ブックカフェを併設した雑貨と本を扱う店で、古代ギリシャで知恵の象徴とされていた「フクロウ」が、店のロゴマークになっています。

有隣堂らしいキャラクターとは何かを考えていたときに、当時の課長・鈴木由美子からこのフクロウの話が挙がり、それいいんじゃないですか、という話になったのです。最終的にはハヤシさんと課長の推しにより、このフクロウをもとにしたキャラクターで進めることが正式決定しました。

今考えると、このとき考える時間がたっぷりあったら、きっとほかのアイデアや選択肢を検討していたでしょう。ですが、私たちにはとにかく時間がありませんでした。テスト動画を撮

STORY STORYのロゴマーク。このフクロウがのちのブッコローの造形のヒントになった

影してから2週間後に、本番の撮影予定が組まれていたのです。ほとんど即決で決めたからこそ迷いがなくなり、このキャラクターで行くぞ！　という覚悟も決まりました。

時間をかければ必ずしもいいものができるわけではない、ということを、私たちはハヤシさんとの仕事を通して学びました。

◆自分たちで何とかしようというクセがついている

ミミズク、つまり**現在のブッコローのデザインは、わが社の「できることは自分たちで」という精神が存分に発揮され、かつ成功した例**だと思っています。

さすがにぬいぐるみの制作は自社ではできないので、業者に発注することを考えていましたが、デザインについては、すぐにある社員の顔が思い浮かびました。社員のなかでは〝アーティスト〟と呼ばれるくらい絵が上手な岩岡弥生《いわおかやよい》です。私たちは一片の迷いもなく、彼女しかいない！　と考え、すぐに彼女に依頼したところ、快諾してくれました。

このように、私たちにはプロのイラストレーターにお願いしようという発想が全くありませんでした。

もちろん、できないことには外部の力を使います。ただ、**有隣堂には彼女のように多才な人材がいて、それがわが社の強みでもあります。**お金を払って外部の人に丸投げする前に、まずはこの強みを活かし、社内でできることはないか、と考える習慣があり、その結果仕事を振られた側も、このときのように大半はスムーズに受け入れてくれるのです。

ただし、内部でやることが、効果的な場合とそうでない場合があることは認識しています。予算との兼ね合いもありますが、外部のプロに頼んだほうが、時間が削減できるケースは少なくありません。また、プロに依頼することでクオリティが上がるなどの良さもあります。

とはいえブッコローのデザインに関していえば、社内の人間に頼んで大成功！　でした。

デザインを依頼するにあたり彼女に伝えたのは、「STORY STORY」のフクロウを参考にキャラクターを描いてほしいというざっくりとした要望のみ。

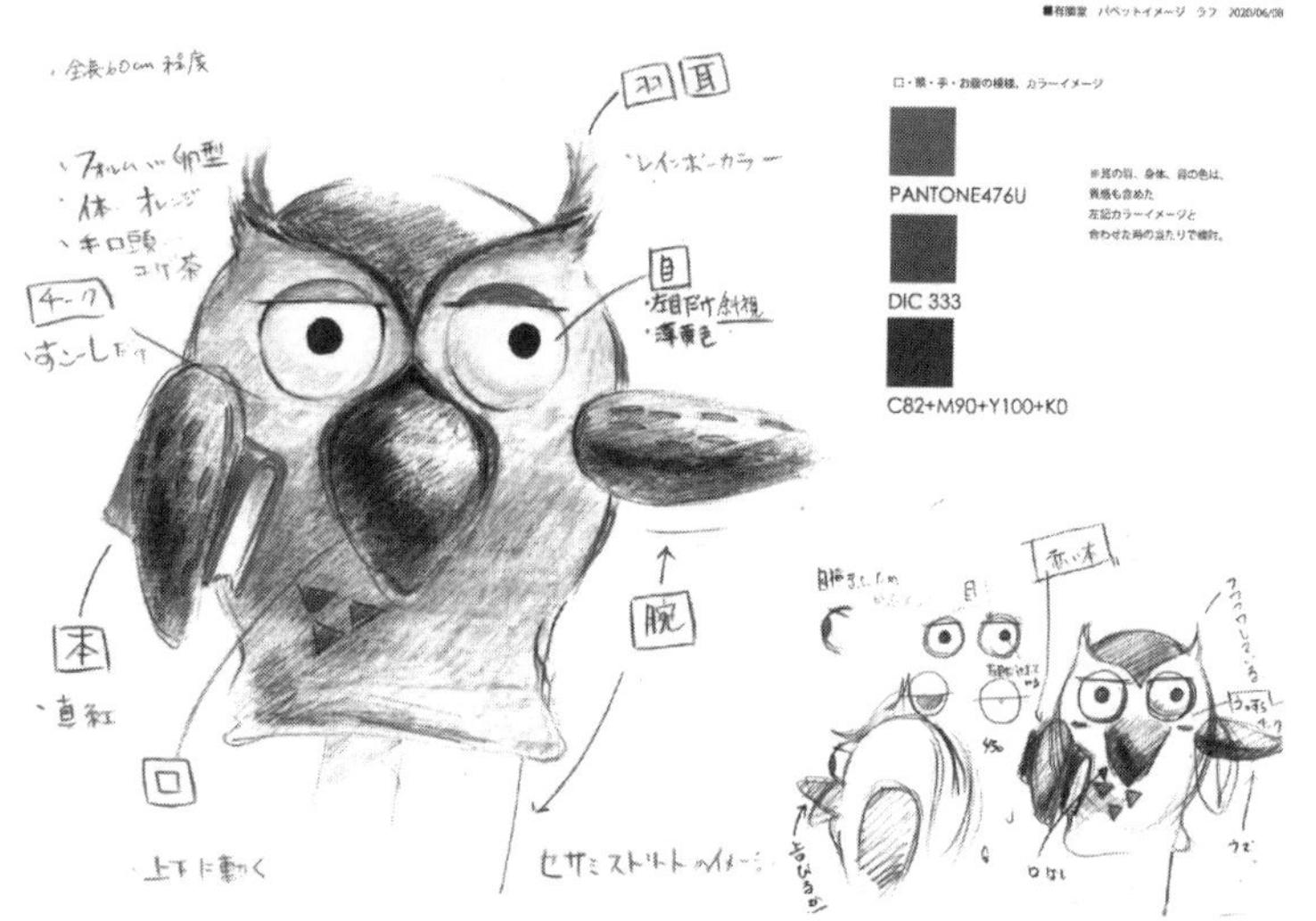

ブッコローの原型となったデザイン画

そこから3日間で、現在のブッコローの原型となるデザインを描いてくれました。

一目見て、これはいい！　とテンションが上がりました。リアルすぎず、かわいくなりすぎず、ちょうどいいデザインだな、と感じたのです。

何より私がいいなと思ったのは、子どものアイデアが入っていた点です。

デザインを見せてもらった際にその着想について話を聞くと、当時小学生だった彼女のお子さんとそのお友達が一緒にイラストを考えてくれたというのです。ふわふわの羽根があるとかわいいねとか、羽根はレインボーカラーにしようとか、**子どもと相談しながらデザインを作り上**

げていったことで、老若男女に愛されるビジュアルになったのだと思います。こうした経験で、ブッコローには羽角《うかく》が生え、〝ミミズク〟となりました。

また、子どもの感じる〝かわいい〟は、大人が想像する以上に、リアルだったりもします。子どもの素直な感性が加わることで、ちょうどいい塩梅《あんばい》のリアルなキャラクターが出来上がりました。

そして、これは結果論ではありますが、この愛らしいフォルムによって、ブッコローの、ときに辛口のトークが、マイルドになるという効果も生まれました。

ブッコローの姿が、たとえば凶暴なオオカミのようなデザインだったら、ブッコローのトークはただ毒があるだけで、今と同じようには受け入れられていなかったかもしれません。

このような経緯を経てデザインが決定すると、すぐさま業者にぬいぐるみを発注。事情を説明して無理をお願いし、１週間でブッコローのぬいぐるみを制作してもらいました。届いたのはなんと撮影の前日。綱渡りの日々ではありましたが、新しいプロジェクトを一歩ずつ前に進めていく充実感に溢《あふ》れ、とても楽しかったことを覚えています。

人生で出会ったなかでいちばん面白い人を「中の人」に抜擢《ばってき》

◆実に8年ぶりの電話だった

ブッコローのキャラクター&ぬいぐるみ作りと並行して、動画に登場してもらうスタッフや商品選びも進めていたのですが、その話は次で詳しくするとして、いったん、「ブッコロー誕生」までの流れを説明したいと思います。

先ほどお話ししたデモ動画の撮影のときには、MCキャラクター（当時は軍手）の「中の人」をプロデューサーのハヤシさんが務めました。

当初は、その後もハヤシさんが「中の人」を務めるつもりだったようですが、ご本人いわく「中の人」をやりながら現場を取り仕切り、その後の動画の編集作業をおこなうのはとてもムリだとのことで、代わりの人を立てることになりました。

ハヤシさんができないとなったら、誰ができるのか。

〝内製グセ〟のあるわが社ですが、**内製するときは、あの人ならできるだろうなと、適任者がパッと思い浮かぶものです。逆に言うと、それができないときは、適任者がいないということでもあります。**このときは後者で、適切な人材が全く思い浮かびませんでした。

ハヤシさんも端《はな》から、有隣堂に、「中の人」ができるような〝しゃべれる人材〟はいないと考え、外部の人に頼むつもりだったようです。

今考えると、そもそも有隣堂のスタッフと掛け合いをする相手なので、有隣堂の中の人間ではなく外部の人であるべきでした。内部で掛け合いをしていても、周りから見たらおもしろいとは思えないからです。

困っていたときにハヤシさんが提案してくれたのが、今のブッコローの「中の人」です。選んだのは、ハヤシさんが今までに出会ったなかで、いちばん面白いと思った人だと聞きました。

そして、ハヤシさん自身、自分の依頼なら、断らないだろうという自信もあったようです。とはいえ、連絡をとるのは、実に8年ぶりだったそう。こちらとしても本当に引き受けてもらえるのかドキドキでしたが、ハヤシさんが電話したところ、無事承諾の返事が。こうしてブッコローの中の人が決定し、私たちもひとまず安堵《あんど》しました。

YouTubeでウケるのは、売りたいものより、好きなもの

ここで少し時間を戻して、リニューアル後初めての動画に登場してもらうスタッフ選びの過程についてお話しします。

◆なぜ「岡崎&キムワイプ」だったのか

リニューアルが決定したあと、MCキャラクターの検討と並行して、「誰に出てもらって、何を紹介するか」という議論を交わしました。

有隣堂の強みを活かす、という観点から、まずは文房具を取り上げる方向で動いていたため、ひとまずハヤシさんと文具課の課長、私たちYouTubeチームでミーティングをすることになりました。

そのミーティングで、私たちは文具課の課長に最初の動画への出演を依頼したのですが、その場で課長から「私じゃなくて、岡崎がいいんじゃないか」という推薦があったのです。文具

愛がものすごく強く、人柄も面白いから、ぴったりだと思うと。そこで急遽《きゅうきょ》、岡崎に声をかけ、このミーティングに飛び入り参加してもらうことになりました。

岡崎には、動画で紹介するものの候補として、デスク周りに置いている文具など、好きな文具を持参してもらいました。

実はこのとき岡崎と文具課の課長は、YouTube で紹介する文房具として、テプラ（キングジムのラベルライター）を推していました。当時、文具課として売り出しに力を入れていたのがこのテプラだったからです。

しかし、プロデューサーのハヤシさんが目を付けたアイテムは全く別のものでした。

「それ、何ですか？」とハヤシさんが問うと、「これ、すごいティッシュなんです！」と、岡崎が目を輝かせて答えたのが、キムワイプという商品。そして、「それ、面白いじゃないですか」と、その場で取り上げることが決まったのです。

このチャンネルのコンセプトとして、**有隣堂として売り出したいものではなく、スタッフが本当に好きなものを紹介したほうがいい**、というのがハヤシさんの考えでした。

ハヤシさんが最も大切にしているのが「熱量」です。**「スタッフが高い熱量をもって語れるものかどうか」**が、現在まで YouTube で取り上げる際のいちばんの判断基準になっています。

また、ほとんど誰も見ていない（に等しい）チャンネルで「宣伝」をしても、意味がないですよということもよく言われました。耳が痛い言葉ではありますが、当時のチャンネル登録者数を考えると、まったくもってその通りです。**ユーザーは宣伝を見たいのではなく、面白いコンテンツを見たいのだ**、というハヤシさんの指摘は、自分自身がYouTubeを見る側になれば非常に納得できることです。

こうして、リニューアル後、一発目の番組の出演者と商品――すなわち岡崎が出て、キムワイプを紹介する、ということが決まりました。その後ブッコローの「中の人」が決まると急いで撮影をし、6月30日のリニューアル後の初投稿になんとかこぎ着けたのです。

それが〈【超性能ティッシュ】キレイの概念が変わる！　キムワイプの世界〉です。

キムワイプとはどんな商品で、何がすごくて、なぜ岡崎が愛しているのかは、ぜひ、この動画を見ていただきたいのですが、ご存じない方のためにキムワイプを簡単に説明すると、主に理系の世界で使われる高性能の紙ワイパーです。ティッシュと違い繊維のくずが出ないので実験器具のふき取りなどに最適なのだそう。アメリカの製紙業キンバリー・クラーク（Kimberly-Clark Corp.）が開発し、日本では提携の日本製紙クレシアが製造しています。

この動画では、これらの基本情報に加え、国際キムワイプ卓球協会の「キムワイプ卓球」など、マニアックな使い方も紹介しました。キムワイプを全く知らないブッコローと、キムワイプが大好きな岡崎の掛け合いが楽しい動画になったと思います。

◆ニックネームを付ける意味

岡崎は有隣堂の文房具バイヤーで、テレビ東京系列で放映されていた「TVチャンピオン」という番組の「文房具王選手権」に過去2回出場した経験があります。けれども残念ながら「文房具王」にはなれなかったんです、という話を岡崎が撮影前の打ち合わせにしたところ、ハヤシさんがその場で「文房具王になり損ねた女」というニックネームを付けたのです。

これは、「マツコの知らない世界」を参考に、**出演しているのがどういう人物なのかがわかるよう、名前や肩書、職務といった基本情報に加えて、ユーザーが一瞬で覚えられるような、できれば少し笑いを誘うようなキャッチーなニックネームがあったほうがいい**という考えによるものでした。

私たちの番組には台本らしい台本がなく、A４用紙1、2枚程度の進行表があるだけです。この進行表をもとに毎回、撮影前に、ハヤシさん、ブッコロー、出演者、私たちで進行確認の軽い打ち合わせをおこないます。ほとんど雑談なのですが、そこでポロッと出てきた言葉を拾って、**ブッコローも含めた出演者、**スタッフみんなでニックネームを考えています。このように、**素顔や本音が出やすい、ちょっとした雑談の時間が番組作りには非常に大切なのです。**

〈キムワイプの世界〉が示したコンセプト

◆自社で取り扱っていないことが撮影中に判明！

こうして、リニューアル後の初回動画で紹介した「キムワイプ」ですが、実は公開当時、この商品は有隣堂で取り扱っていませんでした。つまり**有隣堂とは直接関係のないものを、リニューアル後、一発目のYouTubeで取り上げた**のです。

このときの裏話をお話しすると、実はキムワイプを自社で取り扱っていないことを、ハヤシさんも私たち（有隣堂のYouTubeチーム）も撮影をおこなうまで知らなかったのです。というのも、岡﨑がミーティングに持ってきた時点で、当然、有隣堂で売っているものだろうと全員が思い込んでいたからです。言い訳のようですが、膨大な点数の商品を取り扱っているため、有隣堂の社員も自社で扱っているすべての商品を把握しているわけではないのです。

つまり、はじめから懐広く、有隣堂のYouTubeチャンネルではなんでも紹介してOK、と思っていたわけではなく、自社で扱っていると思い込んでいたものだから、岡﨑に確認をする

「有隣堂で買えるんですか？」という質問に笑顔で答える岡﨑

という発想が湧かなかったというのが事の真相でした。

衝撃の事実が発覚したのは、ブッコローが、撮影中に岡﨑に何気なく聞いた一言が発端。「これ、有隣堂の各店舗で買えるんですか？」とたまたま聞いたことで、有隣堂の商品でないことが判明したのです。

繰り返しになりますが、私たちのYouTubeは、事前の打ち合わせで確認するのは全体の大きな流れのみで、細かな台本はありません。ブッコローの発言は、ほとんどすべて、ブッコロー自身の判断でおこなわれています。この予想外の質問に、さらに予想外の回答が返ってきたというわけです。

私たちは当然、驚き、慌てました。

けれどよく考えてみたら、私たちは岡﨑に、好きな文具を持ってきてほしいとだけ頼んでいて、自社で売っているものでないとダメだとは言っていなかったわけです。岡崎としては、私たちの要望に応えて愛用しているキムワイプを紹介し、撮影中にブッコロー（の中の人）に有隣堂で買えるのかと聞かれて、正直に「買えません」と答えたにすぎなかった。岡崎に非はないのです。

その証拠に、この動画で岡崎は、全く悪びれずにそう答えています。

とはいえ岡崎でなければ、事前に「うちで売っていないけどいいですか？」という確認をとったのではないかとも思います。自社で扱っている商品かどうかよりも、商品そのものへの愛が勝ってしまう人。それが岡崎であり、初回の動画が反響を呼んだ一因でもありました。

ちなみに、現在は有隣堂でもキムワイプを扱っており、おかげさまでとても人気のある商品のひとつになっています。

◆心から良いものを伝えていくという気概

結果的に、このリニューアル後第1回の動画が、〈有隣堂しか知らない世界〉の基本コンセプトを示すことになりました。**自分たちが心から良いと思うもの、好きなものを、熱量高く伝えていくのが私たちのチャンネルであって、そのコンセプトのためなら、自社商品であるかどうかは二の次である――**。

このコンセプトは視聴者の方にも伝わったようで、自社で扱っていないキムワイプを紹介することに対して、驚きとともに好意的なコメントをたくさんいただきました。

その後は自社で扱っている商品を紹介していくことも増えましたが、現在でも取り扱いのない商品を紹介することのほうが多いくらいで、さらに言うと撮影の時点で取り扱いの有無を気にすることはほとんどないのです。そういった意味で、**この第１回の動画が私たちのYouTubeが進むべき方向性を示してくれたことは間違いありません。**

そして岡﨑も、〈有隣堂しか知らない世界〉にとって、なくてはならない存在となっていきます。

視聴者数は30倍以上、予想外の反応も

◆目に見える数字の変化と意外なところからの反響

初回の〈キムワイプの世界〉を投稿するとすぐに、リニューアルの手ごたえを感じました。まずそれは数字として表れました。一週間の再生回数が１４３７回と、これまでとは全く違ったのです。リニューアル前最後の動画の再生回数がわずか42回だったこともあり、現場は色めき立ちました。**比較すると、実に30倍以上**です。

現在の平均値（10万回程度）とは比較にならない数字ですが、確実に私たちの動画を見てもらえていることを実感しました。

ちなみに２０２２年12月時点で、〈キムワイプの世界〉は、約42万回再生されています。

そしてリニューアルの反響は、意外なところからもやって来ました。「社内」からのリアクションです。**これまで全く話したことのない人から「面白いね」と声をかけてもらった**のです。

社内への周知としては、YouTubeを始めたリニューアル前から、メールなどで告知したり、

社内の掲示板に載せたりしていました。ですが、当時の登録者数である200人程度という数字からも明らかなように、社内にこのチャンネルが浸透しているとは到底いえない状況でした。有隣堂の社員の平均年齢が40代後半ということもその理由かもしれません。このような新しい事業に関する情報共有が十分ではなく、会社が一体となって応援しようという雰囲気になりにくいと感じています。リニューアル前のチャンネルで、登録者数がなかなか伸びないころ「御社、2000人の従業員がいますよね？　なぜ200人しか登録者がいないの？」と、ハヤシさんに困惑されたりもしました。

また、リニューアル後も、登録者数が伸びていき、「YouTubeで紹介していた商品はどこにありますか？」と、YouTubeを見てお客さまが店舗に来てくださったのに、スタッフが動画を見ていないどころか、YouTubeをやっていることさえ知らなかった、ということもありました。

このような事実からわかるように、社内への周知不足によって、店舗での運営にも影響が出る可能性があるのです。社内周知はこのときから現在にいたるまで、大きな課題のひとつです。

◆社内からの好反応「これは今までとは違う！」

そういう状態のなかで、社内の人からリアクションがあった。YouTubeを始めて、社内から好意的な反応をもらったのは初めてだったので、嬉しさよりも、驚きが勝りました。え！

私たちYouTubeチームの取り組みを気にして見てくれたんだ、と。

リニューアル後の初回動画の公開後、このほかにも複数人から声をかけられました。そのなかには普段は自分から声をかけてくれるようなタイプではない人もいたし、私の親に近い年齢の人もいました。本当にいろんな人に見てもらえているんだという驚きとともに、今回のリニューアルの意味は本当に大きかったんだと実感しました。

これまで「自社のチャンネルだから」といって見てもらえたり褒められることがなかっただけに、今回の好反応が動画の内容が純粋に面白かったゆえの反応だと感じることもできました。

リニューアル前の動画でナレーションを担当し、現在はブッコローの黒衣を務めている鈴木宏昭は、当時はまだYouTubeチームのメンバーではなく、ららぽーと豊洲店の店長を務めていました。彼はリニューアル後の動画も気にかけてくれていたようで、見終わったあと**「面白い」と同時に、これは「異質だ」と感じた**そうです。自己認識としては真面目で地味な有隣堂が、振り切ったエンターテインメントを作った。これは今までとは違うぞ、と。そして文房具に興味のない人も楽しめるコンテンツになっているのもよかった、と話していました。

これらの目に見える数字の変化と社内からの予想外の反応を受けて、「いけるな」と思いました。もちろん私自身も、このリニューアル後の動画はめちゃくちゃ面白いと思っていました。

しかしここから、新しい企画と格闘する、苦悩の日々が始まったのです。

社内のオモシロ人材をどのように発掘するか

◆１人30本の企画出し、そしてダメ出しの嵐

リニューアル後、動画の投稿頻度は１週間に１回になりました。リニューアル前は２週間に１回で、更新頻度が少ないことが課題のひとつだったので、まず回数を増やしたのです。

基本的には１回の撮影で２本撮るスケジュールを組んでいました。しかし、実際に撮影をしてみると予想外に時間がかかり、１本の撮影で終わらざるを得ない日も。その都度撮影スケジュールを組みなおし、再び撮影、というバタバタの日々が続きました。

何より大変だったのが、先にもお話しした「企画出し」です。

毎週、YouTubeチームのメンバーは思いつきでもいいので各々ネタを考え、チームで共有するようにしています。多いときには１人30本以上考えたことも……。ですが、動画の企画になるのは30本のうち１本あればいいほうです。

今になって考えれば当時の企画の精度は低く、大雑把な企画ばかりでしたが、そのときは30

本考えるだけで精一杯。くじけそうになりながらも、企画と格闘する日々が続きました。私の場合、**質を上げるには、まずは「量」をこなす必要がありました。**

◆人材発掘は地道に　アンケート&聞き込み

初回の動画からわかるように、リニューアル後は有隣堂のスタッフに文房具や食品など、その人が好きなものや自分の一押し商品を紹介してもらう、という動画を作成していました。

ですから企画を立てるためには、まず「出演者」の当たりをつけなくてはいけません。面白い得意分野を持っている人か。そしてYouTubeに出てくれそうな人か。このふたつの観点から、社内のスタッフを見るようになっていきました。せっかく出演してもらうのであれば、**仕事としてだけでなく、純粋にブッコローとのやり取りを面白がってもらいたい**とも思っていました。そのほうが、番組の熱量が上がり、視聴者の方にも響くと思ったのです。

私たちYouTubeチームの人脈や経験で、あの人は面白いネタを持っているとか、出てくれそうだという情報をもとに企画を立てることもありましたが、それだけでは足りません。新たな人材を発掘するために、各店舗の店長向けにアンケートをとったりもしました。

このアンケートから、今流行《はや》りのサウナ本を多数集めている人、俳句甲子園に出場したアルバイトなど、豊富な人材の発掘につながりました。わが社には面白い人がたくさんいることを、改めて実感したものです。

とはいえ、これまでお話ししたようにシャイな人が多いのも、有隣堂です。立候補も募りましたが、この本の執筆時点で立候補してくれたのは一人だけ。アルバイトの綿引裕理《わたひきゆり》さんです（〈【共感できる?・】有隣堂アルバイトあるあるの世界〉として実現しました）。

そういう状況ですから、多くの場合、私たちから〝アタック〟して、出演交渉をします。

先述のアンケートと並行して、社内のいろんな部署にふらりと行って、あの人が面白いらしいよ、という〝風のたより〟を聞く、という、足を使った聞き込みなどもおこないました。

社内にどんな優秀な人材がいても、知らなければ活かしようがありません。

人材発掘の仕組み化は、YouTubeに限らず会社にとって重要なことだと痛感しました。

◆出演者が喜ぶ姿に感動

YouTubeは、もちろん視聴者に喜んでもらうのがいちばんなのですが、出演スタッフにも喜んでもらえると、私たちも嬉しいものです。

リニューアル後の第3回に出てくれた佐藤貴広は、社内でもプロレス好きとして有名な上に、断らないタイプの人間だろう、と私たちは認識していました。

プロレス雑誌をテーマに、何かやってくれないか、と頼んだら予想通り快諾してくれて、〈【全

ブッコローも感激の「神業」の紐がけを見せた細川

盛期、あの頃は】週プロ！ゴング！プロレス雑誌の世界〉ができました。本人も好きなものをとても生き生きと語ってくれ、ブッコローとの掛け合いも楽しんでいたようです。

また、〈雑誌の紐がけの世界〉という回に出てくれた細川吉彦《ほそかわよしひこ》という社員がいます。細川の紐がけは〝神業〟でめちゃくちゃ速い、ということは知っていたものの、あまり表に出るタイプではありません。YouTube への出演は難しいかな、となかばダメもとで依頼したところ、二つ返事で受けてくれたのです。私たちの知らなかった細川のプロ意識や積極性という一面を発見した気分でした。これは YouTube がなければ得られなかった気づきです。

公開後細川に「面白かったです。反響いいですよ！」と、話しかけたら本人もすごく喜んでいて、さらに「家族も喜んでいる」と聞いたときは、心から嬉しかったです。YouTubeによって社内にも新しい喜びやモチベーションが生まれているんだ、と実感した瞬間でした。

そしてYouTubeをリニューアルしてから、番組を見たお客さまが店舗に商品を買いに来てくださったり、YouTubeに出ているスタッフ目当てに来店してくださるということが起こりました。これらもすべて、YouTubeをやっていなければ、あり得なかったことです。

出演したスタッフもこういった反響をとても喜んでおり、YouTubeをリニューアルした意義を改めて実感。そして私自身の企画出しに対する意識も、より高まりました。

視聴者の方にも、できれば出演スタッフにも喜んでもらえる企画を考えたい。YouTubeが、社内の人材のモチベーションアップにつながっていることを、少しずつ自覚し始めていました。

企画は「サムネ映え」が命！

◆一発OKが出た〝見た目が強い〟文房具たち

回数を重ねるごとにどんな企画が良い企画なのかということが少しずつわかってきました。

ハヤシさんが私たちに口を酸っぱくして言うのは**「サムネ映えするか」**どうかです。

私たちはYouTubeを、有隣堂のファンを増やす目的でやっていますが、そもそも見ていただかないとファンになっていただけません。つまり、たくさんの人に見てもらえるような動画を作らなければならないわけです。

そして**動画を見てもらうには、まずはクリックしてもらう必要があり、クリックしてもらうためには入り口となるサムネ（サムネイル＝画像）が興味を引く画像や言葉になっていることが何より大事**だという、冒頭のハヤシさんの主張に行き着きます。

〈有隣堂しか知らない世界〉の動画が文房具を紹介する回が多いのは、リニューアル後の初回から登場した岡﨑の人気に負うところもあるのですが、そもそも文房具は見た目で面白さが伝

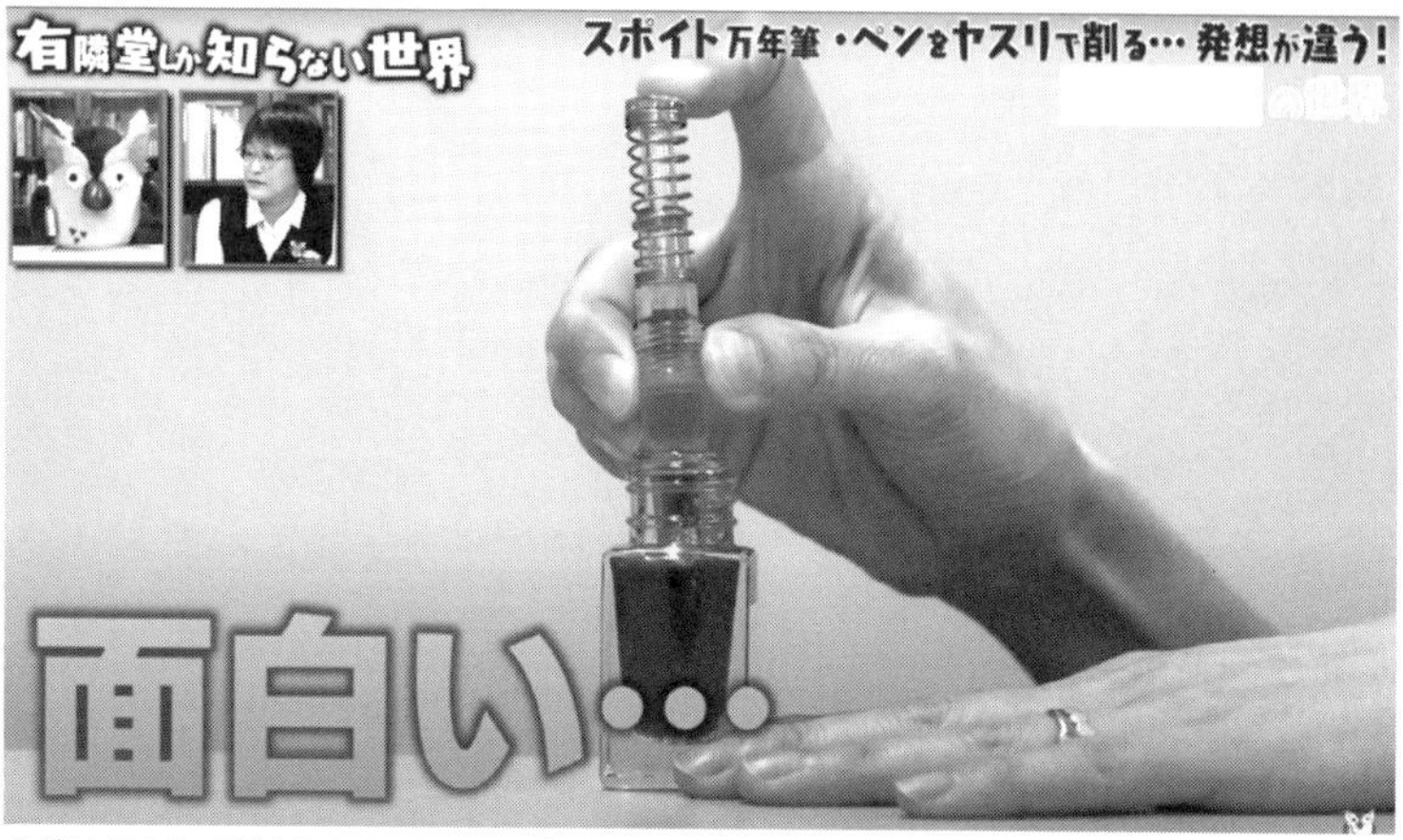

台湾文具として紹介したTWSBI。スポイトのようにインクを吸い上げて補充することができる

わりやすい、というのも大きな理由のひとつです。

たとえばこれまでに、即座に企画になったものにはこんなものがありました。

・ペン先がふたつ（ペンとマーカー）に分かれているペン（Ninipie）
・スポイトみたいなものでインクを吸い上げる万年筆（TWSBI GO）
・レインボーカラーの綿菓子（Otton）

いずれも〝見た目が強い〟商品たちです。つまり、説明を聞いて初めて面白さがわかるものでは、YouTubeでは「弱い」のです。

見た瞬間に引きがあるか。自社の商品を見る際は、とにかく「サムネ映え」を意識するようになりました。

YouTubeを始めるまでは、書店を営む会社として、そして私自身も本を愛する人間として、「活字」ありきでものを考える習慣が根付いていました。そのため、サムネを作るときも、どうしても活字に頼り、一目見ただけでは魅力が伝わらないものであっても、言葉で説明を入れればわかってもらえるのではないかと、考えがちだったのです。

しかし、**YouTubeでは活字以上に「画」が重要。**私たちにはまず、この考えを頭に叩き込む必要がありました。

ちなみに、現在「有隣堂しか知らない世界」のサムネはすべて馬淵基季《まぶちもとき》という社員が作成しています。インパクトのあるサムネは視聴者の方からも「おもしろい」と好評をいただいています。

僕が一番好きなサムネは「登録者数10万人突破」の回！　ザキさんの笑顔が最高

視聴者は本好きではない――「マス」を意識する

◆誰に向けて動画を作るのか

前項の活字のくだりのように、「本屋としてはついこう考えてしまう」けれど、「YouTubeでは正解でない」、ということはほかにもありました。

ハヤシさんによく言われたのは、**「YouTubeを見る層は、ほとんど本を読まないと思ったほうがいいですよ」**ということです。本にかかわる仕事をしている私たちにとって、これは衝撃の一言でした。

私たちは初期のころ、「本屋で今週売れたベスト5」というような企画や、作家の先生が出てくれる企画などは十分面白いのではないかと考えていたのですが、これらはすべてハヤシさんに「ボツ！」と一蹴されました。

もちろん、本が好きな方も見てくださっていると思うし、お店に来てくださる方たちにも見ていただきたいのですが、それでは対象が狭すぎる、というわけです。

大事なのは、誰に向けて動画を作るのか、という目線です。ハヤシさんは、もっとマスに向けたYouTubeを作ろうとしていました。

初期のころの私たちは、「書店」という枠の外に出るのが、なかなか難しかった。書籍は現在、10万部売れたらベストセラーと言われる市場で、紙の書籍や雑誌の市場規模は縮小傾向にあります。そして残念ながら出版業界は斜陽産業とも言われています。

動画でも「文房具」を取り上げることが多いのは、ボールペンなどの文房具は誰もが知っているし、誰もが一度は使ったことがあるものだから、という考えからです。

私たちも徐々に誰に向けて動画を作るのか、という目線を強く意識するようになります。できるだけ多くの人に私たちの動画を届けたい。そのためには「書店」の枠を超える必要がある。つまり、**「視聴者は本好きではない」という前提に立たなければならない**のです。

そう考えるのは、有隣堂のYouTubeが、ファンを増やしていくことを目標としているからです。私たちがYouTubeに求めているのは、本を売ることでも、自社商品を売ることでもなく、**まず有隣堂を知ってもらって、ファンを増やしていくこと。**そのためには10万、20万、30万と、登録者数を増やしていくための戦略が必要になります。

本が好きではない方にも有隣堂のファンになってもらうにはどうしたらいいのか、これが私たちのYouTubeの大きな課題でした。

収益化→1万→10万数値目標を立てる重要性

◆目標達成に向けアナリティクスに張り付く日々

YouTubeのリニューアルに際して、私たちは具体的な数値目標を立てていました。

YouTubeは、登録者数１０００人、１年間の総再生時間が４０００時間を超えると収益を得られるようになります。収益手段には様々ありますが、主なものが広告収益です。

２０２０年内にこの数字を達成すること。それがリニューアル時の最初の目標でした。

２０２０年６月にリニューアルを実施し、この目標を達成したのは11月。**当初考えていた期限より１か月早く、目標にしていた収益化をクリアした**のです。

そして右肩上がりの登録者数に比例するように、私たちのモチベーションもぐんぐん上がっていきました。すぐさま次の目標を登録者数「１万人」に設定し、それがクリアできると今度は登録者数「10万人」を目指す、というように徐々にステップアップしながらＰＤＣＡ（Plan計画、Do実行、Check評価、Action改善）を回して、目標を設定していくことになります。

こうした仕事のやり方は、これまでも必要性を感じてはいたものの、日頃の業務に組み込むことが難しく、なかなか実行できていなかったことでもありました。その点、YouTubeは登録者数や再生回数が目に見えてわかるので、目標を立てやすく、検証もしやすいのです。

そんな**PDCAに欠かせないツールが、「アナリティクス」です。**アナリティクスとは、YouTubeに投稿した動画単体やチャンネル全体のアクセス解析をおこなうツールです。

日々、このアナリティクスに張り付きながら、再生回数が少ない動画はどこが問題なのか、サムネイルがパッとしないのか、内容が物足りないのかなど、クリック数や視聴回数などの数字をもとに原因を分析していきました。このあたりの分析の仕方は、見よう見まねで様々なツールを触りながら、実地で覚えていった、という感じです。

先に結果をお伝えしますと、〈有隣堂しか知らない世界〉の登録者数は2021年2月に1万人を達成、2021年10月に10万人を達成します。

登録者数は、徐々に、いわば順調に伸びていった局面と、停滞が続いた局面があります。とりわけ、この1万人、10万人という節目の壁を破るには、きっかけとなる〝何か〟が必要でした。

ブッコローの話術とハヤシプロデューサーの編集力

◆魅力を引き出して突っ込むブッコロー

私たち、有隣堂のYouTubeチームが主におこなうのは、社内のネタや人材をもとに、企画のアイデアを出すところまでです。その先——企画の決定、撮影、編集——は、ブッコローと、ハヤシプロデューサーにかかっています。YouTubeのクリエイティブな部分の大半は、ブッコローとハヤシさんに任せている、と言っても過言ではありません。**私たちにクリエイティブ要素はほとんどゼロ**なのです。

これは卑下《ひげ》ではなく、役割分担なのだと考えています。ブッコローとハヤシさんは有隣堂の外部の方です。**彼らに有隣堂のために能力を発揮してもらい、気持ちよく働いてもらうための環境づくりや土台づくりが、有隣堂の人間である私たちにとって重要なミッションのひとつでした。**

そのための社内外の交渉事こそが私たちの仕事です。

もともと私自身は個人的に、クリエイティブな仕事よりも、決まったことを進めていく仕事が好きだし、向いていると思っています。ときに妥協することも、ぶつかり合うこともあるけれど、チームの力を合わせてプロジェクトを確実に前に進めていくことで、新しい景色を見ることができます。

そういうわけで、ハヤシさんと同じくらい有隣堂YouTubeのクリエイティブのカギを握るブッコローですが、リニューアル後の動画を見てくださった方の多くが、ブッコローの素直な反応を面白いと言ってくださいました。

「毒舌」とも、「切れ味鋭い」とも、「巧みな話術」ともいわれるブッコローですが、初めて会ったときの私の第一印象は、「優しい人」。素顔は、2人の娘を持つ40代の男性です。

そして、頭の回転が速く、知識が豊富。こんな人がいるんだなあと、感動したものです。

撮影前、ブッコローは出演する有隣堂のスタッフに、**「焦らなくていいから、自分のテンポでやってください」**と声をかけてくれます。そういった気遣いによって、**出演者はほとんど普段のままの状態で、撮影に臨んでいる**ように私には見えます。

そして撮影が始まると、ブッコローはとにかくよくしゃべる。有隣堂のスタッフは総じてそんなにしゃべりがうまくありません。ですが、ブッコローがたくさんしゃべり、相手の話をうまく引き出しながら、素直に反応したり、面白おかしく突っ込んでくれたりすることで、次第に出演者の緊張もとけ、場が盛り上がっていくのです。

また、ブッコローは、出演者によって、対応を柔軟に変えてくれているようです。淡々と話す人が相手のときは自分がガンガンしゃべるし、反対に、出演者が熱をもってしゃべっているときは、一緒に盛り上がる方向に振っていると感じます。

「有隣堂の社員さんって、すごく面白いんですね」とコメントをくださる視聴者がいらっしゃいますが、それはブッコローとの掛け合いによって引き出されているのだと断言できます。

◆普通にしゃべっていれば、「編集」で面白くなる

平均1時間程度の撮影のなかでは、出演者が考え込んでしまったり、すぐに返事ができなかったり、ときには黙ってしまうという場面もあります。

それでも8分前後の動画が、テンポのよい会話でつながっているのは、ひとえにプロデューサーのハヤシさんの編集能力のおかげです。

また、ブッコローも1時間のしゃべりはずっと面白いには面白いのですが、ハヤシさんがブッコローの「テンション」や「間」などを絶妙に編集することで、さらに面白く、見やすい動画になっていると感じています。

ブッコローとハヤシさんの手にかかれば絶対に面白くなる。私たちはそう確信しているので、

「……安くない？」と、ガラスペンの値段を聞いて衝撃の一言

「私、面白いこと言えませんよ……」と、不安がる出演者に対して、「普通にしゃべってくれれば大丈夫です、ブッコローと普通にしゃべっていれば、面白くなりますから」、と自信をもって伝えるようにしています。そして出来上がった動画を見て、私たちの言葉が本当だったのだと、出演者たちも皆納得してくれるのです。

ハヤシさんがYouTubeで大切にしているのは、「素《す》の反応」です。**面白い言葉以上に、素直な反応こそが視聴者に届くことを、私たちも学びました。**

ブッコローの面白さの核も、素直な反応です。自分の口に合わないと感じた食品には「まずい」と言い、値段が見合っていないと思う商品には「高い」と言う**ブッコローの発言は、毒舌というよりは素直な反応であり、だからこそ多くの人に受け入れられていると私たちは受け止めています。**

ブッコローの可愛さを演出する「黒衣《くろこ》」の奮闘

◆オーバーアクション気味がちょうどいい

リニューアルが軌道にのってくると、私たちYouTubeチームにもメンバーの入れ替えなどの動きがありました。

立ち上げのときから共に奮闘し、私のよき理解者でもあった鈴木由美子課長は別の部署に異動します。このタイミングで、リニューアル前のナレーションを担当してくれていた鈴木宏昭がチームに新たに加わり、その後YouTubeチームは広報部に所属して、会社の情報発信の役割を正式に担うことになりました。鈴木はこの異動を「面白いことができそう」と、前向きに受け止めてくれていたようです。

先にもお話ししたように、鈴木は現在ブッコローを動かす黒衣としても奮闘しています。

ありがたいことにブッコローを「可愛い」と言ってくださる方が多く、最初のグッズ販売時も〝即完売〟するほどの人気を博しているのですが、このブッコローの可愛さの一端は、あの動きにあると私は思っています。とはいえ最初のころは、鈴木の黒衣ぶりもプロデューサーのハヤシさんに「ひどかった」と言われるほど。ブッコローがほとんど動いていなかったのです。実は私も何度か黒衣をやったことがあるのですが、自分ではかなり大きく動かしているつもりでも、実際の動画を見ると、びっくりするくらい動いていません。ブッコローはけっこう重い（体重2キロ）ので、1時間の撮影中、ずっと動かしていると、正直かなり疲れるのです。けれど、動きがないと可愛くない、ということを、動かないブッコローを見て痛感しました。動くことで「生き物感」や「感情」が出ます。**動画にはやはり動きが必要なのです。**

鈴木は回を重ねるごとに、ブッコローとのシンクロ度合いを上げていきました。

コツは、片目で出演者の動きを確認しながら、もう一方の目で、ブッコローの「中の人」の動きやテンションを観察することだといいます。どちらかというと、ブッコローの中の人をより注視し、彼が身をノリ出しているときは、跳ねたり、演者さんをバシバシやったりとオーバーアクション気味にする。反対に「……」のような反応のときは、下を向かせる。

中の人と連動するには、中の人の動きをほんの少し〝先取り〟する必要があります。観察を重ねることで、シンクロに磨きをかけているようです。

「パクパクしているのが可愛い」など、ブッコローの動きを拾ってくださるコメントに鈴木は励まされ、鍛錬を重ねています。今後はブッコローの動きにもぜひ注目してみてください。

登録者数１万人に導いた「ねとらぼ」の記事

◆売る気が感じられず逆に心配……というありがたい評をいただく

先にもお話ししましたが、リニューアル時の目標だった登録者数１０００人、総再生時間４０００時間を達成したのが２０２０年11月。これは想定よりも早い達成でした。

それ以降も、これまで述べてきたように苦しみながら企画を練り、投稿を重ねることで、登録者数は徐々に増えていきました。けれど、1万人到達はまだまだ先だなと感じていたのです。

ところが、２０２1年2月に、急激に登録者数が増えはじめます。いったい何が起きたの？と、事態を把握できず、あたふたしながら要因を探ったところ、ニュースサイトの「ねとらぼ」に取り上げられたことがわかりました。ねとらぼのライターさんが、私たちのYouTubeを見て記事を書いてくださったのです。

記事のタイトルは、〈「ぶっちゃけAmazonで買った方が安くない？」大手書店チェーン・有隣堂のYouTubeチャンネルが正直すぎて面白い〉というものでした。

2021年02月08日 20時00分 公開

「ぶっちゃけAmazonで買った方が安くない？」大手書店チェーン・有隣堂のYouTubeチャンネルが正直すぎて面白い

フクロウのツッコミに震えろ。

［池田智，ねとらぼ］

大手書店チェーン・有隣堂によるYouTubeチャンネル「有隣堂しか知らない世界」をご存知でしょうか。公式動画にもかかわらず「ぶっちゃけた話Amazonで買った方が安くない？」といった爆弾発言が飛び出す深夜番組のようなテイストで、マニアックな知識とゆるい笑いを提供しています。

【最強はどれだ】油性ボールペンの世界【メーカーに直電】～有隣堂しか知らない世界012～

番組の基本フォーマットは、有隣堂の店員さんをはじめとするゲストたちが、本や文具に関するマニアックな知識を披露するというもの。

書店員さんたちはただ自分が好きな物をプレゼンしている様子で、あまり売る気が感じられません。「書店のYouTubeってことは商品の宣伝でしょ」と思って覗いてみると、逆に心配になってしまうほど。

「ねとらぼ」の紹介記事。「有隣堂しか知らない世界」が面白おかしく紹介されている記事では、私たちのチャンネルを「キムワイプなど有隣堂で売っていないものばかり紹介していてあまり売る気が感じられない。逆に心配になってくる……」などとユーモアたっぷりに紹介してくださいました。**「深夜番組のようなテイストで、マニアックな知識とゆるい笑いを提供している」**という絶妙な評もあって、わがことながら本当にその通りだなと思いました。ねとらぼさんの読者と、うちのチャンネルの性質があっていたのでしょう。そこから一気に登録者数が伸びて、あっという間に、１万人を達成しました。

これは思いがけない出来事で、本当にありがたいと思いましたし、何より、こうやって面白がって見てくださっている方がいることにとても勇気づけられました。

棚ぼた的な展開ではありましたが、この経験により、今いる場所から大きくステップアップするためには、地道な努力と同時に、何らかの外部的要因も必要だということに気がついたのです。

１万人を突破した私たちは、次の目標を登録者数10万人と定めました。期限は６か月後の８月末。有隣堂の決算が８月なので、それに合わせて設定しました。かなり大胆な目標設定にも思えますが、「１０００人から１万人」を３か月で達成したので、妥当な期間だろうと判断したのです。

大きな壁を越えるには、通常やっていることとは別の何かが必要です。私たちは10万人達成をツイッターで宣言し、3月からカウントダウンを始めることにしました。

〝言霊《ことだま》〟ではないですが、周囲に宣言することで現実にしたいという思いも強くなりましたしフォロワーの方の応援を力にさせていただきたいとも思いました。

ところが、お詫《わ》び文を書く羽目に――。10万人への道のりは1万人突破のときとは比べものにならないくらい厳しいものでした。このことについて、詳しくは次章でお話しします。

書店の一角を食品物産展にした女

店舗運営部　ルミネ横浜店
食品バイヤー　内野美穂さん

――YouTubeに出演が決まった際の心境を教えてください。

当時はYouTubeに興味がなく、見たこともありませんでした。 出演してくださいと言われたので、「はい」とお返事したものの、よくわかっていなかった、というのが正直なところです。

――動画で紹介するものはどうやって決めていますか？

動画で勧めたいものをいくつか選んで、YouTubeの担当者と相談して決めています。出演が決まると、商品選びはだいたい半日かけて、ほかの仕事もしながらじっくりやるんです。できるだけ、新しく仕入れた商品のなかから選びたいなと思っていますね。

たとえば最初に出演した動画では、ピンク色のカレー（春満開さくらカレー）を紹介しました。春に毎年、桜のフェアをやるんです。私のいるルミネ横浜店は女性のお客さまが多いので、女性に気に入っていただける商品が何かないかなと思って。その春に仕入れたもので、インパクトもあるので選びました。

また、**私自身美味しいものが大好きなので、自分が美味しいと自信を持って勧められるもの**

を選んでいます。有隣堂YouTubeの「うまいもの担当」として、これからも美味しいものを食べる幸せを届けていけたらと思っています。

――食品バイヤーになってどのくらいですか？　「食品」ならではの苦労はありますか？

食品を担当するようになって7、8年です。横浜ルミネに食品を販売するコーナーができたときに担当になりました。それまでは本を扱っていたので、賞味期限管理など本と食品の違いに戸惑うことはありましたね。一方、**本も食品も、中身を味わう（知る）前に買ってもらう商品であるという共通点があります。**売るためにはそこが難しいところなのですが、食品にも手描きポップを作って美味しさを伝えたり、できるだけ商品を見てくださっているお客さまにお声がけするようにしています。

――動画で取り上げたことで、よく売れた商品はありますか？

ブッコローの評価がいまいちだった「ドライ漬物　たくあん」は現在に至るまですごく売れています。つい先日も、普段は海外に住んでいらっしゃるというお客さまが来店されて、日本にいるうちに「たくあん」を買いたいとお声がけいただきました。非常に申し訳ないことに、そのときは欠品して注文中だったので、干し物の「マグロ」と「チーズ」をお勧めしたところ、どちらも買ってくださいました。100点中2点（ブッコロー評価）の味がどんなものか、食べてみたいというお客さまが多いようです。

また、ドライフルーツのマンゴーは、ブッコローが「フレッシュな感じがする」と褒めてくれたものですが、定価が1620円と高価格なこともあってたくさんは仕入れていなかったんです。ところがYouTubeが公開されるやいなや問い合わせが多くきて驚きました。**ブッコローに足を向けて寝られないくらいの勢いで売れましたね。**

――ブッコローについて率直なご意見をお願いします。

最初は、「結構言うな」と思いました。もっと美味しいと言ってくれないと売れないじゃない！と思ったこともありましたが、見てくださるお客さまには、そういう素直な意見が面白いようです。YouTubeを見てご来店いただけることが増えてきて、次第にいろいろツッコミをもらうと「よし！」と思うようになっていきました。ブッコローの意見は辛口でも的確なんですね。本音を言うと憎たらしいですけど（笑）、バイヤーとしては参考になるなと思っています。

――動画に出演されてからどのようなリアクションがありましたか？　どのようなコメントが嬉しいですか？

自分が出演した動画のコメントは一通り読みます。美味しかったですとか、またお店に行きたいですというコメントをいただくと本当に嬉しいですね。店頭でも、YouTubeを見ましたよと声をかけてくださるお客さまもいらっしゃって、ありがたいなと思います。声をかけられるとつい、これも美味しいですよ、あれも美味しいですよと、勧めてしまいますね。友達も、出演した回を見てコメントをくれるので、励みになっています。

家族も見てくれているんですが、息子からは「調子に乗るんじゃないよ」と言われました。動画のなかで年齢を言ったら、優しい視聴者の方が、若く見えますね、というようなコメントをくださったんです。それを見た息子からすかさず先ほどの一言が（笑）。年齢のことはさておき、私にできるのは美味しいものを美味しいと全力で伝えることだけなので、**見てくださる方が増えても調子に乗らず、初心を忘れずやっていきたいです。**

――食品を、動画で伝える良さはどんなところにありますか？　動画だからこそ、伝えられることは？

先ほど本との共通点というお話をしましたが、食べ物って、結局は食べてみないと、味はわからないんです。なので、食べた方に感想を伝えてもらうのが一番いいんじゃないかと思っていて。2点でも100点でも、ブッコローがその場で実際に食べて、感想を言ってくれることで、リアルな味が視聴者の方に伝わる。それが動画の良さだと感じています。いわゆる「食レポ」ができる良さがありますね。店頭でも、食品サンプルをお渡ししたりはするのですが、すべての食品にそれができるわけではありません。**動画を見て、こういう味なんだな、と分かった上で、買いに来てくださる方が増えたのは、ありがたいことです。**

軍手人形の失敗が生んだ、ブッコローの成功

事業開発部
鈴木由美子さん

――鈴木さんは有隣堂 YouTube の立ち上げメンバーの一人で、〈有隣堂しか知らない世界〉の誕生から飛躍に深くかかわっていらっしゃいます。社長から「YouTube をやるぞ」と聞いたときは、どう感じましたか？

最初に思ったのは、自社のパブリシティができるな、ということです。以前、仕入れを担当していたこともあり、出版社さんやメーカーさんに任せるだけでなく、自分たちでも宣伝を仕掛けていく必要性を感じていました。そんななかで、**YouTube というメディアを持てば、自分たちでいろいろな宣伝ができるようになるのではないか**と、漠然と思ったのです。

また、社長は「YouTube を始める」と決めるまでに、専門家に話を聞いたり、自分でも研究を重ねていたようで、始めた当時の2020年は若者や子どもの視聴者が多いけれど、将来的に YouTube の視聴者の年齢層は上がっていくだろう、と。そして、それにつれて「教養」チャンネルのニーズも増えていくだろうという見通しを持っていました。そういう流れが来るなら有隣堂も乗っていきたいし、乗っていけるのではないかと私も思いました。

――トライアルとして始めた書籍紹介番組〈つんどく兄弟〉はチャンネル登録者数や再生回数が伸びず、リニューアルを決定します。そのころを振り返っていかがですか？

思い出すのもイヤなくらい……大変でした（笑）。でも、社長はYouTubeをやめるという判断を下さなかった。だったらどうやって続けるか、それを考えるのが私たちの仕事です。

皆で議論しているなか、社長からひとつのアイデアをもらいました。〈つんどく兄弟〉はインタビュー形式で、著名人や経営者などに好きな本を語ってもらうというものです。インタビュー形式で、お金がかかりすぎていたので、リニューアル後は予算削減をしたいという思いもあり、一人でもできる方法としてもアリだと思いました。ただ、私自身が動画に出るのは抵抗があったので、人形を使ってできればと考えたのです。そこで用意したのが軍手人形です。

トライアル動画にも登場した軍手人形

結局このアイデアは、プロデューサーのハヤシさんに、「そんな動画を流したらつまらないと暴動が起きますよ」と即座に却下され、〈有隣堂しか知らない世界〉が始まることになるのですが、そのとき作った軍手人形が結果、掛け合いという構図のヒントになったようです。

――「軍手」とは思えないくらいかわいいですね。なぜ「軍手」だったのでしょうか。

なぜ軍手だったかと言えば、すぐに手に入る素材で作りたかったから。リニューアルを考えていた時期は最初の緊急事態宣言が出ていて、百貨店や専門店がすべて閉まっていたんです。だから開いているスーパーで買える材料で作るしかなかった。それが軍手だったというわけです。子どものころ、家庭科の先生か国語の先生になりたいと思っていたくらい、昔から裁縫は好きなんです。それで自然と自分で作ろう、という考えになったのだと思います。

ただ、トライアル動画を撮影したとき、この軍手人形を見てハヤシさんが、**「人は体ではなく顔に愛着がわくんですよ」**とおっしゃった。この言葉はものすごく印象に残っています。**キャラクターを作るんだったら、視聴者が見て愛着のわくもの、記憶に残るものであるべき**だと。なるほどなと思って「STORY STORY」のキャラクターであるフクロウをハヤシさんに見せたら、「この方向でいいですけど、ちょっとインパクトが足りないですね」という意見が。そこでフクロウをベースにしつつ、デザインの得意な社員に考えてもらうことにしました。

――リニューアル後の動画を見たときの感想は？　現在はどのようにご覧になっていますか。

リニューアル後、私も何度か黒衣役をやっていたんですけど、撮影中に笑いを堪《こら》えるのが大変なくらい面白かったんです。それなのに、ハヤシさんが編集し、出来上がった動画を見ると、全く別物でさらに面白くなっていた。編集って魔法なんだなと思いました。

YouTubeチームを離れてからは、いち視聴者として配信日を楽しみにしています。登録者数10万人を突破したころから、企画のバラエティも豊かになり、洗練され、番組としては安定しつつあることに感嘆すると同時に、これからは、また少し違った方向性を模索しても面白いのかなとか、また新たな挑戦が必要になるのかな、とも感じています。

――社内外のメンバーでチームを組み、新規事業を立ち上げるまでには様々な困難があったと思います。現在も新規事業を手掛ける鈴木さんが心がけていらっしゃることは?

あるマラソン選手が言っていた言葉をよく思い出すんです。走っていると苦しくて苦しくて、でも、たくさんの人に応援してもらっている手前自分からはリタイアできないから、車がぶつかってくれないかと思うときがあると。一流選手でもそう思うくらいだから、平凡な会社員である私たちは、そりゃ、やめたくなるよねって。新しいことに困難はつきものだから。

でも、やめてしまったら、やっぱり、新しい扉は開かないんですよね。だから、**できない理由ではなく、できる方法を考えるように意識しています。**行き詰まったときは、ちょっと違う道へ進んでみる。レールを降りるのではなく、隣のレールに移動してみる。軍手人形は失敗だったかもしれないけど、それを糧《かて》にしてブッコローが生まれたように、少しずつ前に進んでいくことが大事かなと思っています。このYouTubeがいい刺激となって、わが社に新しいことをやる人たちが増えていくといいなと願っています。

クリエイターを尊重する稀有《けう》な環境があった

プロデューサー
ハヤシユタカさん

◆YouTubeは「客数」勝負。「客単価」が存在しない戦い方

――ハヤシさんは松信社長に動画を勧めた一人だと伺いました。経緯を教えてください。

すべての始まりは成田空港国際線のサクララウンジでした。

現社長で、当時は副社長だった松信さんと僕は昔からの知り合いで、2019年の秋頃、別の仕事で松信さんの海外出張に同行したんです。飛行機の搭乗までラウンジで過ごすことになり、二人で並んでカレーを食べているときに、松信さんが「ヤバいんですよ」と。

これは彼が常日頃から言っていることで、要は**書店が大変だから何か新しいことをしなければいけない**ということです。そこで僕は**「動画始めたらどうですか」**と、**提案したんです。**

なぜ動画かといえば、ひとつには**自社が伝えたいことを伝える広報的な意味合いがある。**それに加えて、**動画による広告収入が見込める**し、早めに動画コンテンツを持っておいたほうがいいと思いますよ、という話をしたら、「よし、やるぞ！」と二つ返事。その場で決まったん

です。
といっても、最初は僕がタッチするつもりはなく、あくまでも勧めたというだけでした。

――リニューアルに当たり、ハヤシさんがプロデューサーに就任されます。最初に考えたコンセプトはどんなものでしたか?

企業チャンネルで自社のコンテンツを宣伝するというのはありがちな形ですが、それだと誰も見てくれないのは明らかです。人間の時間は有限。かつ、そのころ、石橋貴明さんなど、芸能人がYouTubeに参入しはじめていて、YouTube内の時間の奪い合いが激しくなっていた。なので、コンテンツとして彼らを超える面白いものを作らなければいけないわけです。

加えて企業が広報的インパクトを出しつつできることは何だろうと考えて、今あるコンテンツを洗いざらい調べていくなかで思いついたのが「マツコの知らない世界」でした。あの番組を参考にすることで、有隣堂がやろうとしていることが視聴者に明確に伝わると思ったんです。

次に、映像をどうするかと考えて思いついたのが「saku saku」(tvk、テレビ神奈川)です。川崎に住んでいたころに見たことがあり、すごく記憶に残っていたんです。出演者が何気ないトークを繰り広げる番組なのに、片方がパペットだったから覚えていた。愛くるしい、忘れられないキャラがいると看板になると思ったし、あわよくば、グッズ販売が狙えるとも考えました。tvkも「saku saku」のキャラをがんがん売っていたし、HTB(北海道テレビ放送)の

「ｏｎちゃん」も人気でよく売れていましたから。

「有隣堂しか知らない世界」がこれらふたつの番組の〝パクリ〟だというのは、リニューアル直後からコメントやツイッターで指摘されていました。これは実際その通りで、僕のような名の知られていないクリエイターがゼロから新しいものを作っても誰も見てくれない。これは多くのクリエイターが言っていることですが、**世の中のコンテンツの多くは、過去の成功事例の「掛け算」で生み出されています。**「マツコの知らない世界」に「saku saku」を掛けて、そこに「有隣堂」を掛けて、「YouTube」という独自の編集手法を掛け合わせてできたのが「有隣堂しか知らない世界」というチャンネルでした。

――内容については、何を見せるべきだと考えましたか？

まずは再生回数を上げなければ話にならなくて、そのためには面白いものを作るしかない。「マツコの知らない世界」の面白さって、「素直さ」にあると思うんです。マツコさんには、美味《おい》しいものは美味しい、まずいものはまずいと言う素直さがあるし、出演者には自分の好きなものを熱く語る素直さがある。この番組を真似《まね》るわけだから、**「出演者は誰も嘘をついていません」という世界観を構築することが大事**だと思いました。

だから第1回で、有隣堂が推そうとしていたテプラではなく、岡﨑さんが大好きだというキムワイプを取り上げたんです。そして台本はあえてざっくりとした作りにして、出演者に自由にしゃべってもらうようにした。ツッコミどころ満載な商品というのもよかったですね。

「間口の広さ」も、ものすごく意識しています。小売業や外食には、客数が少なくても客単価を上げるという戦略があるけれど、YouTubeに客単価は存在しません。どんな人が見ても再生回数は「1」なので、できるだけ間口が広い企画をやりたい。有隣堂としてやりたくても、動画として本を取り上げにくいのは、言ってしまえば文房具に比べて、間口が狭いからです。

――当初、どのくらいの規模のチャンネルにしたいと考えていましたか?

登録者数10万人規模の動画になるとは思っていました。すでにある10万人規模のチャンネルよりも面白いという自負はあったので。ただ、10万人達成の期限は、始めた当初は決めていませんでした。走りながら1年以内に達成したいと思うようになっていたんですが、結果として1年3か月かかってしまいました。

◆口は出さず、責任は取る　理想的なトップの在り方

――「素直さ」は「毒舌」と紙一重で、個人チャンネルならともかく、企業チャンネルで実現するのはハードルが高いと感じます。なぜクリアできたのでしょうか。

僕の考えた企画自体は、有隣堂でなくても、どこに持ち込んでも成功させる自信はあったん

です。ただし、それができる「環境」が必要だった。**「有隣堂しか知らない世界」が、ここまで多くの人に見てもらえるチャンネルに育ったいちばんの要因は、有隣堂という会社に、「素直な動画」を作ることのできる環境があったから**です。

なぜその環境があったかといえば、ひとつは、社長が創業一族の7代目ということもあり、トップダウンの会社だから。そして社長自身が、自社や出版業界に改革が急務だと自覚していたからです。そういうトップが「YouTubeをやる」と言い、ありがたいことに僕を信頼してくださって、「中身はハヤシに任せる」と決断したことに、良くも悪くも社員は従わざるを得ない、という社内状況がまずあります。

もうひとつが、**「何かあったときは社長が責任を取ってくれる」という安心感**です。世の中には責任は取るけど口も出す、という経営者はけっこういますが、「責任は取るけど口は出さない」と言い切っているのです。松信さんって、心底凄《すご》いなと。この言葉は現在まで守られていて、動画の公開前も、後も、何か言われたことは一度もありません。この松信さんの覚悟があったから振り切った企画ができた。有隣堂のスタッフも、ハヤシが好き放題やっているけど、社長が責任を取ってくれるんだから見守るか、と思ってくれたと思うんです。

企業に雇われている外部の動画クリエイターって、一般的に、ものすごく地位が低いんですよ。尊重されない。こうやりたいと言っても、会社の偉い人に文句を言われたり、現場が忖度《そんたく》したりして、気づいたときには、面白さがそぎ落とされたものになっているんです。
ところがこのチャンネルに関しては、僕の意見を尊重し、認めてくれる稀有《けう》な環境があった。有隣堂のなかにも、特に初期のころは、僕の手法に対するいろんな文句や不満、不安があったと思います。それでも、うまくいくと信じているやり方を貫き通すことができています。成功というとおこがましいですが、これだけ登録者数のいるチャンネルに成長できたのは、「何かあったら俺が責任を取るから好きにやれ」という社長の一言と、僕を尊重して共に動いてくれたスタッフたちのおかげです。企業の看板を使いながら自由に作品が作れる環境は本当に幸せで、世の中で、こんな仕事ができているクリエイターは僕しかいないんじゃないかな、と思います。

――「有隣堂しか知らない世界」は、企業が外部のクリエイターと組んだ成功事例だと思います。クリエイターと仕事する上で、企業にとって大切なこととはなんでしょうか？

僕は**世の中に革命を起こすのはプロフェッショナルだと思っています。**ダイソンの掃除機を作ったのはジェームズ・ダイソンというモノづくりのプロだし、「シン・ゴジラ」を生んだのは、庵野秀明《あんのひであき》という天才クリエイター。プロの意見やこだわりを潰していたら、革命は起き得ない。
しかし、プロにもいろいろいるわけで、能力を持っていても手を抜いて及第点を目指すプロもいる。大事なのは、**当事者意識を持っているプロを巻き込むこと。**そして、**その当事者意識を持たせ続けること**です。そのためには、その人を尊重することではないでしょうか。外部の人間は言うことを聞いて当然……という扱いをすると、一瞬で当事者意識はなくなります。

◆これからの目標は、僕が姿を消すこと

――ハヤシさんなりの動画の編集スタイルはありますか？

編集のやり方っていろいろあるんですけど、僕は徐々に短くしていくスタイルです。1時間撮影した動画の要らないところを切ってまず50分にして、次に20分にして、10分にして、最後に調整して8分にする、という感じ。ひとつの動画の編集に、平均30時間かけています。**全く編集していない動画を見てもらえるのは、ごく一部の選ばれたユーチューバーだけ**なので、編集はできる限りガリガリやったほうがいい。動画に限らず、文字媒体でも、編集はものすごく大事な作業だと思っています。

ちなみに**動画の「終わり」は撮っている段階で決めています。**そこはブッコロー君とだいたい通じ合っているので、これで撮れ高オーケーだね、って目で合図しますね。最後は気持ちよく終わりたいので、ひときわ大きな笑いが起きたな、というところで終わらせます。

――よく見るYouTubeチャンネルや、好きなユーチューバーはいますか？

立ち上げるときに一通りチェックしましたが、今はほとんど見ません。そんな時間があった

ら編集していたいし、僕、仕事以外は頭使いたくないんですよ。YouTubeは基本、検索して見るものじゃないですか。探したくないんです。その代わり、TikTokはよく見ますね。検索しなくてもどんどん動画が流れてくるのでラクだし、**探さないぶん、自分の趣味嗜好《しこう》の枠外のとんでもないものが出てきたりする**んです。そこに面白い企画や、演出手法のヒントがあったりするから見ています。

――今後の展開や目標について教えてください。

登録者数や再生数は、あるに越したことはないんだけど、もうそんなにこだわりはないです。それに今のままの内容で続けると、そろそろ頭打ちだろうとも思っています。さらなる成長のため必要なのは、僕がいなくなることでしょうね。

最終的にはすべてを有隣堂で内製化すべきだと思っていますし、内製化しないにしても、僕のような40近いおじさんではなく、デジタルネイティブの若いクリエイターが中心になっていかないと、チャンネルの成長はないだろうと思っています。「有隣堂しか知らない世界」にはまだ伸びしろがあります。成熟し切る前の、伸びしろのある段階で僕が姿を消すことが、チャンネルのためにも、有隣堂という会社のためにもなる。そして僕自身にとっても、登録者数20万人にしただけでなく、挙句、内製化まで落とし込んだとなると箔《はく》が付くので（笑）、これからの目標は、**僕が姿を消しても回していけるチャンネルにすること**です。

第3章

10万人達成までの道のり

次の目標は10万人！企画の幅を広げる4つの方向性

◆地道に企画の幅を広げていく日々

チャンネル登録者数1万人を達成し、次の目標を10万人に設定した私たち。2021年8月末までと期限を設け、必ず達成すべく、ツイッターでのカウントダウンを始めました。

とはいえ、日々やっていたことはこれまでと変わりません。「自分しか知らない世界」を語れるスタッフに出演交渉をし、企画を考え撮影。それを編集して投稿を続ける、という地道な作業の繰り返しです。そんななかでどうやって登録者数10万人を達成したのか。

この章ではまず、**私たちが10万人を突破するまでの「成功した」企画と「失敗した」企画についてお伝えします。**

登録者数10万人を目指すにあたり、私たちはこれまでの企画のなかから、特に手応えのあったもの、視聴者からの反響があったものを洗い出し、徐々に企画の幅を広げていきました。その方向性はいくつかあるのですが、主なものを以下に挙げます。

1　出演者の幅を広げる

有隣堂スタッフに加え、有隣堂と関係の深いメーカーさんや出版社さん、作家さんの出演を増やしていく。

2　シリーズ企画の継続

対決しながら商品をプレゼンするシリーズや、書店で買える食品の世界などの企画を継続していく。

3　メンバーのレギュラー化

岡﨑をはじめ、人気スタッフに定期的に出てもらうことで、固定ファンを増やす。

4　他社さんからの提案も貴重なネタとして取り入れる

出版社や文具メーカーなどから新刊や新商品の発売の際にいただく提案を企画にする。しかし、動画の目的は宣伝ではないため、いかに視聴者に興味をもってもらえる企画にするか、アイデアと交渉が必須。

以下、この４つについて具体的にお話ししていきたいと思います。

成功した企画① メーカーさんの〝秘話〟に感動

◆「100点中2点」の商品が品切れに

「有隣堂しか知らない世界」では、有隣堂のスタッフが紹介する商品のメーカーさんに出演いただくことがたびたびあります。これは、**商品をただオススメするのではなく、実際に作っている方の声を視聴者に届けることができる、大変貴重な機会**です。

このようにメーカーさんに登場いただいた回のひとつで反響が大きかったのが、〈【鮪《まぐろ》、チーズ、明太子】 書店で買える「ウマい干し物」の世界〉です。

有隣堂には書籍や文房具だけではなく、食品を売っている店舗があります。そのため、店舗で売る商品を買い付ける食品バイヤーがいます。その一人である内野美穂《うちのみほ》が、オススメの食品を紹介した動画が、この回。お酒のつまみにピッタリの「干し物」を紹介しました。

この動画に、紹介する予定の干し物の製造元である、合同会社フードマークの広本さんが電

電話越しのメーカーさん相手に猫を被るブッコローにこの表情

話出演してくださったのです。フードマークはドライ食品の開発、加工、販売をおこなう、宮崎の会社です。

このような企画は、有隣堂の担当者と先方の担当者が日頃から良い関係性を築いているからこそ実現できるのですが、広本さんに関してはそれだけでなく、私たちのYouTubeの意図や目的、いわばエンターテインメント性を受け入れてくださったからこそ、出演をご快諾いただけたのだと理解しています。

というのは、内野はこの動画の約２か月前にも、合同会社フードマークさんの商品を紹介したことがあるのですが、そのときにちょっとした事件が起こったのです。それは〈書店で買えるウマイもんの世界〉という回。

このとき内野が紹介したのが「ドライ漬物　たくあん」という商品でした。内野は美味しいと自信を

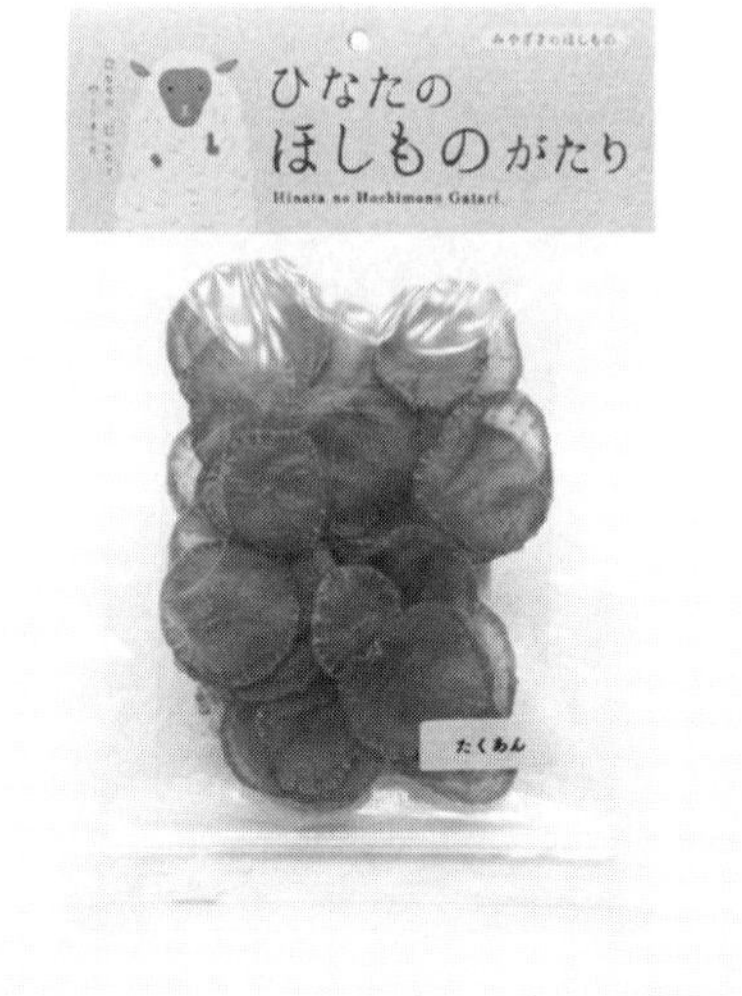

ブッコローからの酷評を受けるも、店舗では大人気の「ドライ漬物たくあん」

もって紹介したのですが、ブッコローは一口食べて、「冷蔵庫の下から出てきたたくあんですね」と、ボソッと言い放ったのです。これには紹介した内野も笑うしかありませんでした。

そんなことがあったにもかかわらず、それから二か月後の「干し物」の回で広本さんが電話出演してくださったのです。しかも、この回では内野が持ってきたいくつかの商品にブッコローが点数を付けていったのですが、**「ドライ漬物　たくあん」の点数はなんと１００点中たったの2点。**作り手の方に対して失礼と取られかねない感想であり点数です。撮影中は、正直すぎるブッコローの発言が続き険悪になるかと懸念しましたが、広本さんはめげずに商品への愛を語ってくださり、最後は二人の間に友情も芽生えました。

通常であれば無礼だととらえられる発言もありましたが、先方もその素直さがブッコロー、そして私たちのチャンネルの良さだと受け止めてくださったのだと思います。

そしてブッコローがバッサリ切り捨てた「ドライ漬物　たくあん」は、有隣堂で大変売れて品切れが続出。ブッコローがそこまで言うなら食べてみたい、と興味本位で買ってくださる方が増え、結果的に売り上げにつながったのです。ちなみに、私も美味しいと感じ、自分でも何度かリピートして買っています。

◆作り手の方の「人間性」に感動する

「干し物」の回に電話出演してくださった広本さんは、ブッコローとの掛け合いのなかで、脱サラをして会社をつくったことをはじめ、干し物やご家族への熱い思いを、さらりとした語り口で語ってくださいました。これは、内野も初めて聞いたという〝秘話〟でした。

有隣堂の人間が良いと思うものを紹介するときに、製造元のメーカーの方が出てくださることで、商品の知識や情報に奥行きが出るのは先にもお話しした通りです。そしてそれ以上に、**作り手の方の人間性や物語を伝えることができる**とも考えています。

視聴者の方からいただいた〈製造元さんのお話を聞いてジーンとしました　ぜひ食べてみたいと思います〉というコメントの通り、商品の先に作り手の方の顔が見えることで、商品への

「紙地図のシェアの９割を担っている」と聞いてこの一言

興味もぐっと増すのだと思います。これは私たちにとっても非常に嬉しいことです。

また、食品以外にも、作り手の方に出ていただく回は増えています。たとえば、地図を紹介した〈【要る？】紙の地図の世界〉には、紙の地図最大手の「昭文社（当時、現在はマップルに勤務）」の担当・佐藤学さんに出ていただきました。

「スマホができてから紙の地図なんて触ったこともない」というブッコローが、「紙の地図って売れてるんですか？」「グーグルマップよりいいところって？」と、素直な意見を専門家にぶつけていくこの動画も、好評をいただきました。**忖度《そんたく》しない正直な感想がブッコローの良さであり、このチャンネルの強みにもなっています。**

成功した企画②　エゴサから……対決シリーズ誕生！

◆エゴサ、そして勢いのままに出演依頼した初ゲスト

リニューアル直後から、私たちは息をするようにエゴサ（エゴサーチ）をしていました。私たちが自信をもって面白いと思っているものがどう受け入れられているのか、反応が気になって仕方がなかったのです。

ある日の朝、ツイッターでいつものようにエゴサをしていると、文具業界では知らない人はいないくらいの有名人である、文具プランナーの福島槙子《ふくしままきこ》さんが、有隣堂のYouTubeが面白い、とつぶやいてくださっているのを見つけました。どんな方でもツイートしてくださるのは嬉しいのですが、このときばかりはあの福島さんが！　と驚きました。

出社して、トイレで岡﨑に会うなり、二人でキャッキャと大盛り上がり。岡﨑もエゴサに熱心だったので、当然、福島さんのツイートを見ていたのです。

岡﨑は以前から福島さんと面識があったようで、「福島さん、YouTubeに出てくれないかなあ」

初ゲストの福島さんを前に少しソワソワする一人と一匹

という話に。そこからは話が早く、早速岡崎からコンタクトを取ったところ、いいですよ、と二つ返事でお引き受けいただけたのです。

今思えば、**このあたりから少しずつ、私たちの仕事のやり方も柔軟になっていったように思います。**

こうして、第1回の対決企画〈【業界で話題の人が登場】プロが愛用する厳選文房具の世界〉が生まれました。

福島さんと岡崎が、それぞれ普段から愛用している便利な文房具をいくつか紹介し、ブッコローが勝者を決めるこの回。個性が表れる二人の商品セレクトも見どころです。結果をお伝えしますと福島さんの圧勝。その理由は……、ぜひ動画をご覧になってください。

この対決企画は大変好評をいただき、福島さんはその後も何度か岡崎との対決動画に出てくださっています。とっさの思いつきからシリーズ企画が生まれたレアケースでした。

◆あのヴィレヴァンとのPOP対決

この企画を皮切りに、「対決もの」は定番化していきました。しかも、**他社からの挑戦状も送られてくる状況になった**のです。そのひとつが、競合他社であるヴィレッジヴァンガードさんとの対決企画です。

このヴィレッジヴァンガードさんとの対決は、有隣堂で以前アルバイトしていた女性がヴィレヴァンに就職したことがきっかけでした。彼女は岡崎と親しく、退職後も有隣堂のYouTubeを見ていて会社で話題にしてくれたのだそうです。するとヴィレッジヴァンガードの社内でも評判になったようで、面白がりの彼女が企画を提案してくれたのです。

ヴィレッジヴァンガードの広報、長谷《はせ》川《がわ》朗《あきら》さんは、過去3回、私たちのチャンネルに出てくださいました。文房具対決の前・後編〈【ライバル企業の刺客】変な文房具対決〉〈【やべェの来た】変な文房具対決　後半〉と、POP対決〈【買いたくなるのは?】手書きPOP対決〉の回です。

POP対決では、長谷川さんがセンスあふれるPOPを披露してくださり、これぞヴィレヴァン！　と感激しました。この回で長谷川さんに書いていただいた「ヴィレヴァン流」POP

文房具対決に目盛りのついたマフラーを持ってきた長谷川さん

は、有隣堂アトレ恵比寿店で飾られています。

また、文房具対決に目盛りのついた「マフラー」を持って来られたのも、想像の斜め上をいくセレクトでとても印象に残っています。

出演してくださる方の人となりに加えて、会社のカラーが垣間《かいま》見《み》られるのが、対決シリーズの面白さだと感じました。

そして、このヴィレヴァンさんとの対決企画は、**業界を一緒に盛り上げていこうという思いが具現化した好事例**だったと思っています。今後もこのような企画は積極的に続けていきたいと考えています。

成功した企画③
日本に数台しかない「手動扉」エレベーター

◆意外にハネた！　ブッコローが「乗ってみた」企画

これまでの企画のなかには、撮影前はうまくいくのか不安だったけれど、やってみたら案外うまくいった、というものもあります。

例を挙げると、〈【こいつ…動くぞ！】手動扉エレベーターの世界〉という、**有隣堂の「手動扉」エレベーターにブッコローが乗ってみる、という企画**です。

有隣堂伊勢佐木町本店のバックヤードには、昭和31（1956）年に設置された「手動扉」エレベーターがあり、いまも現役で稼働しています。ギギギと音の鳴る蛇腹式の扉を手で開けて乗るエレベーターです。

この「手動扉」のエレベーターは、現存するものは日本に数台しかないと言われている、貴重なものです。

私自身がこのエレベーターが大好きなので、いつか紹介する企画を実現させたいと思ってい

ブッコローも怖がった、扉が二層式の手動扉のエレベーター

ました。

ちなみに現存する日本最古の「手動扉」のエレベーターは、大正15（１９２６）年に完成したスパニッシュバロック様式の洋館を引きついで開店した京都の中華料理店「東華菜館　本店」にあるそう。また、渋谷や池袋にも、手動扉エレベーターが残っています。これらはいずれも、一般の方も乗ることができるようです。

一方、有隣堂の手動扉エレベーターはスタッフしか乗ることができません。

この貴重性ゆえに、需要があるのではないかと考えました。また、**有隣堂が歴史のある会社だということが、ビジュアルとしても伝わる**と思いました。

しかしこの回、登場するのは、ほぼブッコロー一人です。エレベーターの説明をする有隣堂のスタッフらが少し映るものの、ほとんど掛け合いもありません。エレベーターに乗って昇って降りるだけ。異色の企画なので見てもらえるだろうかという不安はありましたが、蓋を開けてみると、思った以上の再生回数だったのです。

やはり動画において、面白かったり珍しかったりする「モノ」の力は強いと感じました。

ブッコローが「(ディズニーランドの) ホーンテッドマンション」とたとえた見た目と乗り心地。残念ながら一般のお客さまには味わっていただけないので、ぜひ動画で楽しんでいただけたら幸いです。

エレベーターも怖かったけど、何一つ台本がなかったことの方が怖かったよ……

文房具の仕入れの全権を握る男

店舗運営部　文具課
間仁田亮治さん

——YouTubeに出演が決まった際の心境を教えてください。

最初は機材の片付けなど、裏方で応援に入っていたんです。なので、そのころから「有隣堂しか知らない世界」の存在は知っていましたし、どういう風に作られているのかも見ていました。

そんな形でかかわっていたのですが、ある時YouTubeチームから「出てみない？」と声をかけてもらって、出演者として参加することになりました。

出演に関しては、あまりしゃべるのが得意ではないので受け答えがちゃんとできるのかという不安がとてもありました。

コメントを拝見するとお気づきの方もいらっしゃるようですが、実際に出演してからも、噛《か》んだり間違えたりしないようにと緊張感が増す一方で、いまだにほとんど場慣れはしていないです。

——出演される際に気をつけていること、準備していることなどはありますか？

まず、紹介する商品は、撮影チーム、文具課のメンバーとともに決めています。

その後撮影が始まるまでに、その商品について下調べを行い、どのように優れている商品なのか、しっかりとプレゼンできるように準備しています。

緊張のあまり、値段を間違えてしまうこともたまにありますが……。


――文房具バイヤーになられてどのくらいですか？　これまでのお仕事とはどのような変化がありましたか？


入社後は店舗で文房具の担当をしていました。

その後、店長なども経験して、7年ほど前に会社から打診があり、文房具バイヤーになりました。

扱う商品は変わりませんが、文房具バイヤーになってからは取引先と直接交渉などを行うことが増えたので、店舗で働いていたとき以上に緊張感をもって仕事をしています。店舗にいたときはもう少し気楽に話ができていたのですが、商品の情報などを間違ってはいけないという気持ちが強いですね。

YouTubeに出演する際の心構えとも通じるところがあると思います。


――同じ文房具バイヤーである岡﨑さんとは共演もされていますが、ご活躍についてどのように思われていますか？

同じ文房具バイヤーではありますが、ガラスペンフェアや岡崎百貨店など、彼女独自の道を進んでいると思います。

仕事もきちんとこなしながら、YouTube にも出演し、雑誌や書籍など様々な取材も受けているのはすごいですね。

同じ会社の社員として非常に頼もしく感じています。

――動画に出演されてから、どのようなリアクションがありましたか？　どのようなコメントが嬉しいですか？

いろんなところで YouTube のファンの方から声をかけていただくことが増え、大変ありがたく思っています。

自分の身近なところだと、娘の友人のお母さんが「ファンなのよ」と声をかけてくださって、「有隣堂しか知らない世界」が広まってきているなぁと感じています。

ファンの方からのリアクションで言うと、YouTube のコメント欄は、大好きで毎回楽しみに読んでいます。

皆さんからのコメントを読むと、とても熱心に応援していただいているなぁと感じて、日々の仕事の励みになっています。

――ブッコローについて率直なご意見をお願いします。

すごく頭のいい方で、間違ったことは言わないし、いろんなことに配慮しながら自由なトークをしているのがすごいなぁと思っています。

たまに出てくる「嘘つき皿洗い」などの鋭い発言は、確かにその通りではあるのですが、正直「キツイなぁ」と思うこともあります。

それでも、私がしゃべれないのをわかってくれていてサポートしてくれるのは心強いです。私自身おもしろいことを言えなくても、どんどん面白い方向にトークを展開してくれるのでとても助かっています。

――ご自身が出演された回で印象に残っている回はありますか？

一番印象に残っているのは地球儀の回です。

初めて出演した回なのですが、ほぼ日さんの「アースボール」のオススメのポイントなど、一番自分の思うように話ができたなぁと思っています。

なにより、私のプレゼンを聞いて、ブッコローが欲しいと思ってくれたというのが嬉しかったですね。

――ご自身の出演動画以外に、好きな動画はありますか？

佐藤さんのプロレスの回は大好きです。私自身プロレスが好きなのでわかる、わかると思いながら見ていました。

文房具バイヤーとしては、岡崎さんや寺澤さんが出演しているボールペンの世界も興味深くて、つい見てしまいます。

あとは、ブッコローがドライブしていたレクサスの世界も良かったですね。ほかの動画はスタジオで商品についてプレゼンする形式が多いので、あの回は毛色が違っていて面白いなぁと思いました。

失敗した企画①　その世界への「愛」は異常でなくてはいけない

◆「矢沢永吉が好き」だけでは足りない

週1本の動画更新ですが、企画は常に不足していて自転車操業のような状態が続いていました。社内スタッフの出演者も常に探していて、第2章でお話ししたように、各店舗にアンケートをおこなうなど、人材発掘に必死でした。

そんな状況なので、**何か面白い特技や得意分野を持つスタッフがいると聞きつけると、すぐに会いにいって、まずは話を聞かせてもらっていました。**

たとえば、矢沢永吉をすごく好きな社員がいて、「矢沢永吉の世界」ができるのではないかと期待していました。ところが、話を聞いてみると好きなのは間違いないのだけれど、それを誰かに伝えたくてたまらない！　という（いい意味での）異常な愛情が感じられなかったのです。

そのため、企画にはいたりませんでした。

実はプロレスに詳しかったブッコローと話が盛り上がる佐藤

また、『週刊少年ジャンプ』を子どものころから1号も欠かさず読んでいる社員もいたのですが、こちらもただ読んでいるだけで、熱く語ることができなかったのです。

そんななか、社員の異常なほどの愛が企画になった例が、「プロレス」の回（〈【全盛期、あの頃は】週プロ！ゴング！プロレス雑誌の世界〉）です。この回の出演者、プロレスを愛する佐藤は、店長時代に自分のお店に自分の好きなプロレスラーを呼んでサイン会を開いてしまうほどのプロレス愛の持ち主。その愛をどう表現するか考えたときに、彼が30年にわたって大切に保管していた、100冊以上のプロレス雑誌を、収録現場に持ってきてもらうことにしたのです。動画では、その雑誌を伊勢佐木町本店の雑誌コーナーに並べるというシーン（暴挙）があります。**そのときの佐藤の表情はまさに「異常なほどの愛」**

が感じられるものでした。プロレス回はテーマがコアなこともあり、再生回数こそあまり伸びませんでしたが、コメント欄からはファンの方にとても愛されているのが感じられます。

ほかにも、メジャーな作品から隠れた名作まで、「バレーボール漫画」だけを特集した回があります（〈【33タイトルが集結！】バレーボール漫画の世界〉）。この回には全33タイトル、２８０冊ものバレーボール漫画を集めていた瀧口《たきぐち》剛《つよし》という社員が出演してくれました。

瀧口は緻密な理系人間で、持っている漫画をすべてエクセルで管理するほどの偏愛ぶり。この壮大なエクセルの表も動画で公開しました。バレーボール漫画への並々ならぬ愛と、理系ならではのこだわりの強さが、良い化学反応を起こした例でした。

現在も変わらず、動画に出演してくれたら面白そうな社員を探しています。**必要なのはただ好きなだけでなく、誰かに伝えたいというほどのあふれる愛情を持っていること。**そして、**その愛情をより際立たせる「何か」があると、動画がさらに面白いものになる**と考えています。

失敗した企画②
みんなが興味があると思うな

◆「店長のオススメするおいしい店ランキング」はなぜダメか

企画は常に枯渇状態。そうしたなか、**出演者や詳細な内容まで固まっていながら、実現しなかった企画があります。それは、ズバリ「内輪ネタ」です。**

そのひとつが「○○店の店長がオススメする美味しい店ランキング」というもの。

有隣堂は神奈川・東京・千葉に約40店舗あります。私たちは、例えば「有隣堂伊勢佐木町本店の店長が、地元の美味しいお店を紹介するグルメ動画」のようなものは需要があるのではないかと考えたのです。ランチ、スイーツ、お酒などバリエーションを増やせますし、店長のキャラクターも出て面白いのではと思いました。

けれども、ハヤシさんは、**その地域の人にとっては役立つ情報でも、一般に広く求められている動画ではない**と反対。まだまだ新しい視聴者を取り入れなくてはいけない時期にやるネタではないというのです。この意見には、「確かにその通りかも……」と納得。

なぜなら**〈有隣堂しか知らない世界〉**は、**第2章でお話ししたとおり〝マス〟を対象としたチャンネルづくりをしているから**です。

◆内輪ネタは「まだ早い」

もうひとつ私たちが考えたのが、**ブッコローが視聴者からの質問に答えていく動画**です。ブッコローへの質問をコメントでいただくことが多いので、視聴者の方にも喜んでもらえると思ったのです。しかし**「この段階ではまだ早い」**というのが、ハヤシさんの答えでした。

このブッコローの質問コーナーは、10万人を超えたあとも、ハヤシさんからはなかなかOKが出ませんでした。一般的には、10万人を超えたくらいで、視聴者からの質問に答える動画をやっているユーチューバーの方はいます。だから、できない数字ではないと思います。それでも、**このチャンネルを初めて訪れた方が内輪ネタの質問ばかりの回を見たら、入っていけないなと壁を感じられるかもしれません。**

できるだけ多くの人に対して開かれた動画を作る。初めて見てくださる方も楽しめるものを作る。その後、登録者数15万人を超え、生配信で質問コーナーを実施するようになった今でも、このことを頭の隅に置いて、忘れず大切にしています。

失敗した企画③
唯一の「お蔵入りネタ」

◆ワードの強さに引っ張られる

これまでお話ししてきた「失敗した企画」は、「ボツ」になった企画です。採用にはいたらなかったという意味で、失敗。当然、撮影もしていません。

これらとは別に、**撮影までしたものの、公開できなかった「お蔵入りネタ」がひとつだけあるのです。**

それは**「左利き文房具」を特集した企画。**左利きの人用に作られた文房具をいくつか紹介しようと考えたのです。

左利き文房具というとハサミはよく知られているかと思いますが、ほかにも定規や万年筆など、奥が深い世界だということがわかり、また、左利き人口の割合なども調べた上で間口が広い企画だと思い撮影が実現した企画でした。

しかし、事前にいくつかの文房具を確認していたものの、その日紹介する全商品を見たのは、撮影当日のこと。**撮影が始まってから初めて、左利きの文房具は、そうでない一般的な文房具と見た目がほとんど変わらないことに気づいた**のです。

たとえば左利きのペンと、そうでないペンを比べると、その違いはペン先だけ。左利きの人が持ちやすいように、若干傾いているのですが、カメラでどんなに拡大してもわからず、これでは見ている人に伝わらない……という事態になったのです。

撮影が進むにつれて、ブッコローもハヤシさんも、そして私たちも、これは思っていたのと違うぞ……と、青ざめていきました。

◆誤った判断

「絵」にならないと感じ始めていたものの、その時点で動画をボツにしようとは考えていませんでした。ブッコローと出演者が盛り上がれば、成立する可能性があったからです。

しかし、ここでもうひとつ、問題がありました。紹介する文房具バイヤーの間仁田《まにた》亮治《りょうじ》が、右利きの人間だったのです。文房具の紹介はできても、当事者としての実感や使い方をブッコローに伝えることができず、終始、盛り上がりに欠けていました。間仁田の紹介、「はあ」（ブッコロー）。紹介、「へぇ」。紹介、「ふーん」。の繰り返しで、ブッコローの反応も想像以上に悪い。これはまずいことになったぞ……。

だったら最初から左利きの人にお願いすればよかったのでは……そうお思いかと思います。

実は、私たちも当初は左利きの人に出演してもらうことを考えていました。しかし、有隣堂内の左利きのスタッフ数人に声をかけてみたところ、皆、左利き文房具を使っていなかったのです。これは思わぬ誤算でした。

リサーチをしてわかったのは、**現在大人の左利きの人たちの多くは、子どものころに左利き文房具に触れる機会が少なく、一般の文房具を使い慣れている、**ということでした。そのため、左利き用を使う必要性を感じていなかったのです。

そういう状態ですから、左利きの人に出てもらっても「私は使わないので……」という否定的な雰囲気になる可能性が高いと予想し、あえて左利きではない間仁田に出てもらったのです。

しかし、今になって思えばこの判断は間違っていました。結果論ですが、左利きの人に率直な意見を言ってもらったほうが、まだ面白い展開があったかもしれません。

そんなわけで**商品として絵にならない上に、話の抑揚も大きな展開もなくオチがつかない。**

次の公開日が迫っている状況なので、なんとか公開できればという気持ちは強くありましたが、この内容では「ボツにする」というハヤシさんの決断に納得せざるを得ませんでした。

そのころの私たちは、企画を考えるのに精一杯で、ブッコローと出演者の話の展開を予想するところまで、力が及んでいませんでした。残念ながらこの企画はボツになってしまいましたが、**この経験から、商品を選ぶときに話の展開までを考慮するようになりました。**面白い展開が見えないものは取り上げない、というひとつの基準が出来たように思います。

◆リベンジを誓う

とはいえ、左利き文房具というアイデア自体は悪くなかったと今でも思っています。「左利き」関連の本がよく売れていたり、私たちの YouTube でも「いつかやってください」とコメントいただくこともあるなど、左利き文房具への興味や需要は確実にあると感じています。

このときは様々な点で未熟でしたが、経験を重ねてきた今なら、動画として面白くなる取り上げ方を別の角度から捻《ひね》り出せたかもしれないと思っています。たとえば、文房具を作る上で「見た目以外」にどういう違いがあるのかを開発担当の方に聞くとか、左利き用に作られていなくても、左利きの方が使いやすい文房具を探して紹介するとか……。

私たちが積み重ねてきた経験を活かして、いつかリベンジできたら、と思っています。

10万人達成ならず——我慢のときの過ごし方

◆やめることをやめる　ときには前言撤回する勇気を持つ

これまでお話ししてきたように、私たちは登録者数10万人に向けて、一人でも多くの方に見ていただける動画を作るべく奮闘していました。この時期に失敗と成功を繰り返しながら、次第に現在のチャンネルのスタイルも形作られてきたように思います。

しかし、**結論から言うと、目標としていた「2021年の8月末までに10万人」を達成することはできませんでした。**この時点で、登録者数は7・9万人。2万人以上足りませんでした。

ツイッターでこの目標を宣言し、「#10万人チャレンジ」と題して3月からカウントダウンをおこなってきたものの、惜しいというには足りなさすぎる登録者数に、応援してくださったファンの方への申し訳なさと、自分たちの力不足を痛感しました。

実は、私たちはこの目標を必ず達成するために、**10万人を達成できなければ最悪、チャンネルを終わらせることも覚悟していて社長にもそう宣言していました。**これは視聴者の方にはお伝えしていませんでしたが、退路を断つことで目標を達成したいという考えによるものでした。

しかし、達成できないという状況に陥ったとき、**社長が動画を始めたきっかけでもある「有隣堂に成功体験を残したい」というミッションに成功の兆しがみえているなかで、それをふいにしたくないという気持ちが私たちのなかに湧いてきたのです。**

自分たちで決めた決定を覆すのは、恥ずかしいことではあります。けれど、もう一度チャンスをもらいたいというのが私たちの総意だったので、失敗を認め、周囲に謝罪し、撤回する勇気が必要だと感じました。そこで、このチャンネルをどうしていくのか、プロデューサーとYouTubeチームで検討を重ねてそれを社長に伝え、社長の許可を得て、チャレンジを続けることになりました。

一度決めたことでも、失敗と判断したらそれを認め、必要とあれば決断したことを修正していく。この姿勢は、その後のチャンネル運営にも活きていると思います。例えばのちに、更新頻度を週1回から2回に上げたものの、大変な上に登録者数があまり伸びず、効果がないと判断したときは、視聴者の方に内情を包み隠さず伝えて、すぐに週1回に戻しました。

10万人を達成できなかったときもファンの方に向けて、ツイッターでお詫びするとともに、「年内までに達成」とチャレンジの延期を記載した、直筆の文章を掲載したのです。

有隣堂しか知らない世界 @Yurindo_YouTube · 2021年9月1日

【8月末までに #YouTube チャンネル登録者数10万人】

ついに迎えた最終日！

目標には届かなかったが、我々がここまでこれたのは皆様のおかげ！

感謝を胸にいま再び10万人を目指す！

翔べ！ミミズク！
はばたけ！ブッコロー！
#10万人チャレンジ
#本日の学び

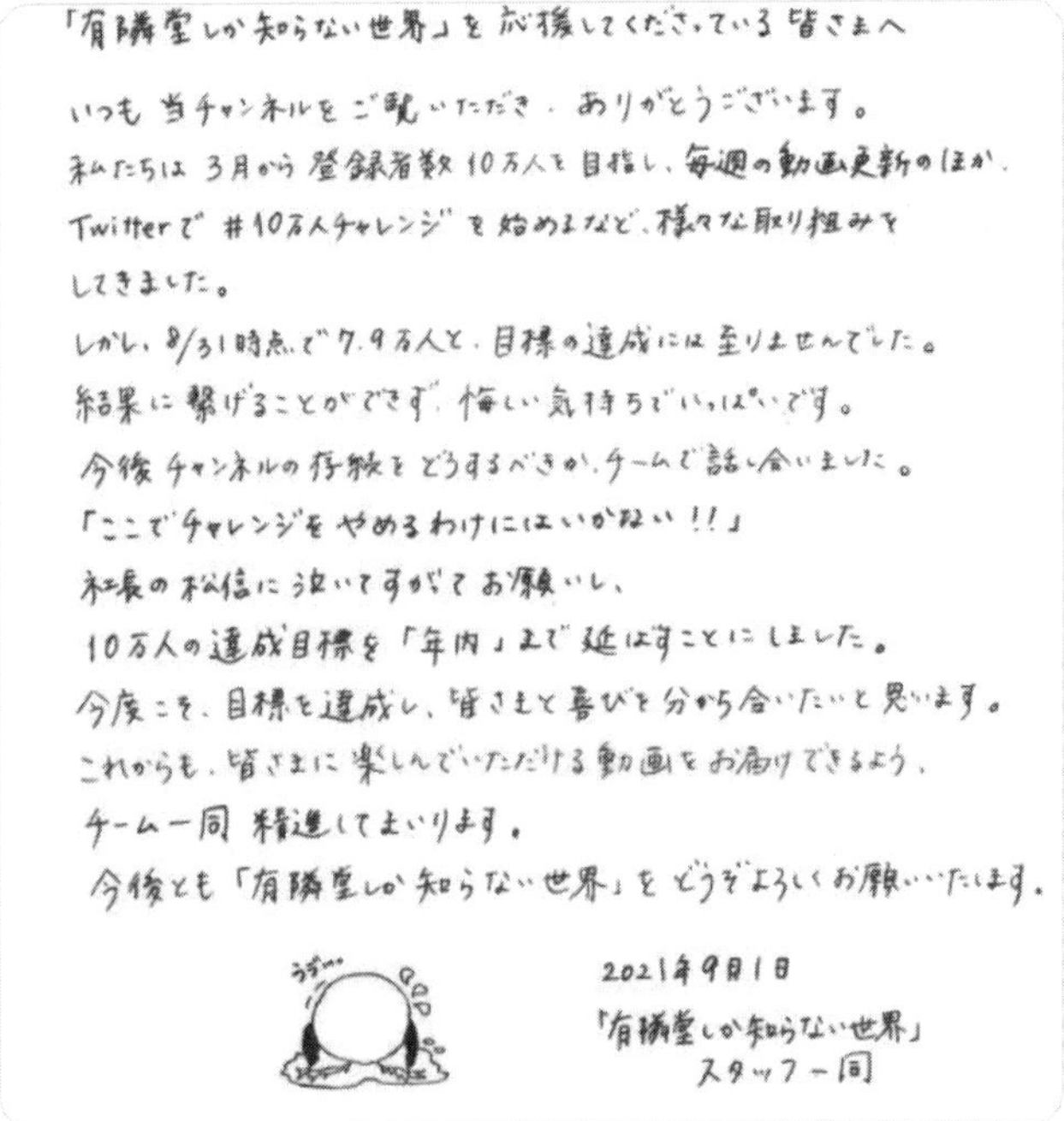
「有隣堂しか知らない世界」を応援してくださっている皆さまへ

いつも当チャンネルをご覧いただき、ありがとうございます。
私たちは3月から登録者数10万人を目指し、毎週の動画更新のほか、
Twitterで #10万人チャレンジ を始めるなど、様々な取り組みを
してきました。
しかし、8/31時点で7.9万人と、目標の達成には至りませんでした。
結果に繋げることができず、悔しい気持ちでいっぱいです。
今後チャンネルの存続をどうするべきか、チームで話し合いました。
「ここでチャレンジをやめるわけにはいかない!!」
社長の松信に泣いてすがってお願いし、
10万人の達成目標を「年内」まで延ばすことにしました。
今度こそ、目標を達成し、皆さまと喜びを分かち合いたいと思います。
これからも、皆さまに楽しんでいただける動画をお届けできるよう、
チーム一同 精進してまいります。
今後とも「有隣堂しか知らない世界」をどうぞよろしくお願いいたします。

2021年9月1日
「有隣堂しか知らない世界」
スタッフ一同

直筆のお詫び文とともにツイート。多くの激励の言葉をいただいた

本来なら、宣言通りここでYouTubeをやめる、という選択肢もあったと思います。

そうならなかったのは、**私たちYouTubeチームに、自分たちのチャンネルは面白いという確信があったから**です。手前味噌《てまえみそ》ですが、見てもらえさえすれば、絶対に面白いと思ってもらえるはずだ、と。根拠がないと言われればその通りなのですが、このときは、ナゾの自信に満ちていました。

私自身、目標を達成できなくて落ち込むというよりは、この結果は悔しいけれどいつかは絶対に達成できるはずだ、という前向きな気持ちが強かったと記憶しています。**存続に対して心配な気持ちは不思議なほどありませんでした。**

しかし、現時点で目標を達成できていないわけですから、プレッシャーは感じていましたし、今、私たちができること、すべきことは何かを熟考しました。

そして導いた答えが、**「見てもらうための取り組みの強化」**でした。

一方で、動画作りにおいては、今やっている方向性を変えようとか、軌道修正しようという発想は全く浮かびませんでした。**動画自体は面白いのだから、これを継続していけば、いつかバズるときがくると信じていた**からです。

◆効果が目に見えなくてもできることは全部やる

そこから、**YouTubeを知ってもらうための情報発信を、小さいことを含め、できることは全部やる気持ちで取り組みました。**

まずは、**SNSをこれまで以上に積極的に活用**することに。

現在、〈有隣堂しか知らない世界〉の公式ツイッターのフォロワー数は約2万人ですが、当時のフォロワー数は1万人弱。この数を増やしていくために、ツイート回数を増やしました。

SNSで言うと、TikTokでの生配信もおこないました。現在は更新をやめていますが、TikTokを使い始めたのは、書店では早かったようで、TikTok運営会社のバイトダンスさんから直接ご評価をいただいたほどです。

また、**店舗での告知も強化**しました。各店舗にYouTubeのポスターを貼ったり、お客さまに〈有隣堂しか知らない世界〉のしおりを配ったり。店舗を持っていることは有隣堂の強みであり、本来、もっと以前からやるべき活動だったのですが、なかなか手が回っていなかったのです。

有隣堂のスタッフにも、メールの署名にYouTubeの紹介を入れてもらうなど協力を仰ぎ、さらなる周知に向けて地道に取り組みを続けていきました。

とはいうものの、実際のところ、これが凄く有効だった、という手ごたえは正直ありません。効果の因果関係を特定することはできないからです。

どの取り組みも何らかの効果はあったと思いますが、どこまで影響があったかは今もわからないまま。それでも、**このとき抱いた「やれることは何でもやろう」という姿勢と行動は、現在の番組作りにも確実に活きている**と感じます。

その後、２か月で登録者数10万人を達成することになるのですが、**チャンネルを10万人に導いてくれたいちばんの原動力は、結局のところ、力のある企画**でした。この結果からやはり私たちのコンテンツの方向性は間違っていなかったのだとも確信することができました。

仕事をしていると、結果が出ない「我慢のとき」というのはあります。できることを考え試行錯誤しながらも、信じる道を忍耐強く歩み続けるしかない時期があることを実感しました。

そろそろ100万人チャレンジ始めようかな〜

作家の24時間密着がバズり、ついに10万人達成！

◆「寝ない、食べない」作家の驚きの生活に24時間密着

先にお話ししたように、**目標より遅れること2か月、2021年10月についに念願の登録者数10万人を突破しました。**きっかけになったのは、作家の中山七里先生に出演いただいた**〈【どんだけ稼いでるの？】職業作家の1日ルーティンの世界〉という回。**この動画がバズり、SNSでも話題にしていただいたことで、10万人の大台に乗ることができました。

この企画は、中山先生の小説『護《まも》られなかった者たちへ』の映画化にあたり、出版元の宝島社さんから声をかけていただいたことから始まりました。

〈有隣堂しか知らない世界〉が少しずつ認知されてくると、ありがたいことに、こうして出版社さんなどから企画のご提案が増えてきたのです。

しかし、**私たちのチャンネルを見ていただいている視聴者の方は宣伝が見たいわけではありません。**つまり、新刊を紹介するだけとか、作家の方に出てもらうだけでは、誰にも見てもらえないのです。

このときも最初は、プロデューサーのハヤシさんは、難色を示しました。

でも、私には、面白くなる予感がありました。なぜなら、この企画を持ってきてくださった宝島社の編集者さんから、びっくりするような話を聞いていたからです。

中山先生は、ほとんど寝ない、食べない、とにかく書くのが速い、いつ連絡をしてもすぐに電話が返ってくる……という、作家のなかでも特殊な方だと聞いて、なんだそりゃ、と。

そこでハヤシさんに中山先生の〝特殊さ〟を伝え、宣伝ではなく、作家の先生がどういう生活をされているのか、どうやって執筆しているのか、つまり職業作家の一日にフォーカスすれば、面白くなるのではないかと相談しました。するとハヤシさんも、それは面白いかもねと乗り気になったのです。

そこで、まずは中山先生を交えて打ち合わせをおこなうことになりました。

実際にお会いしてみると、中山先生は朗らかで気さくな方でした。ハヤシさんが切り込んだ「24時間、密着させてほしい」という申し出も、すんなりご快諾いただけました。

いざ24時間撮影させていただき映像を確認すると、中山先生は想像以上の「寝ない、食べない」っぷりで、その驚きの生活に唖然《あぜん》としました。ハヤシさんもここまでとは思っていなかったようで、「やばいっすね……」と、言葉を失っていました。

午前4時になっても食事も睡眠もとらない中山先生に愕然とするブッコロー

◆宣伝がメインではなくても、結果的にはプロモーションにつながる

中山先生は、24時間中回している定点カメラの「なか」に、ほぼすべての時間、収まっていらっしゃいました。つまり、1日中、仕事場からほとんど出ない生活をされていたのです。

ブッコローも録画を見ながら「もう寝て！」「もう食べて！」と連呼。おかげさまでYouTube的には貴重な映像になり、公開すると大きな反響をいただきました。

中山先生がなぜこのような生活を送っているのか。その理由も、YouTubeで語ってくださっているのでぜひお確かめください。出演者としても、なんでも話してくださる楽しい先生でした。

こうして、この回が大きな後押しとなり、10万人を達成することができました。

今でも中山先生と宝島社さんには感謝の気持ちでいっぱいです。

ただし、ハヤシさんにとっては二度とやりたくない企画とのこと。24時間カメラを回したことで、編集のために、24時間の録画を見なければならなかったからです。通常は１時間程度の撮影ですから、ハヤシさんの作業時間は単純計算で24倍……相当疲弊していました。

もちろん私たちは、今後もぜひ中山先生のようなユニークな方に、出ていただきたいと思っています。この企画は書店として直球の企画で、私たちにとっても思い入れの強いものでした。

ツイッターやYouTubeのコメントでも「動画を見て中山先生の著書を買いました」という声が今でもあります。**動画の内容や方向性は〝宣伝〟ではなくても、面白い動画を作って再生数が伸びれば、結果的には商品のプロモーションになるということも、この回で証明できました。**

自分たちの手でコンテンツを作りたいという思い

◆登録者数10万人達成に思うこと

現在、活躍されているユーチューバーのなかには登録者数10万人を超える方はたくさんいます。私たち自身、**10万人で満足したわけではありませんが、ひとつの壁を越えたという達成感はありました。**

また、登録者数が10万人になると、YouTube社から銀の盾（「シルバークリエイターアワード」）が贈られます。そうやって一ユーチューバーとして認知いただいたことは、やはり自信につながりました。

現状、書店のほか、小売業や飲食業の企業YouTubeで、登録者数10万人を超えているチャンネルはあまり多くはないように思います。

そうした中で**有隣堂が登録者数10万人を達成できたのは、自社の宣伝をメインにするのではなく、多くの人に見てもらえるような、コンテンツそのものとして面白い動画作りに取り組ん**

できたからだと、私たちは分析しています。

少し話は変わりますが、以前から、自分たちでコンテンツを作りたいというぼんやりとした理想がありました。これは私たち YouTube チームとしてではなく、あくまでも私個人の思いです。

というのは、有隣堂は、仕入れたモノをお客さまに売る会社です。それが会社の本分であり、そこにやりがいを感じていることは言うまでもありません。ただ、社歴を重ねるうちに、こんなに面白いスタッフがたくさんいるのだから、自分たちでも表現する場を持ち、コンテンツを作ってもいいのではないかという気持ちが少しずつ芽生えていたのです。

それが YouTube に結びつくことは、私自身の発想としてはなかったわけですが、こうやって YouTube チームの一人として携わるようになると、以前から芽生えていた気持ちとつながるところがあると感じています。

自分たちで表現する場を持ち、自分たちのコンテンツを作っていく。それも、できるかぎり面白いコンテンツを作っていく。それが YouTube で実現できていることに、私自身ささやかな誇りを感じています。

褒めてもらえると思ったら……社長の一喝！

◆自分たちの信じてきた「面白さ」が証明された

登録者数10万人達成によって、自信を得ると同時に、安堵もしました。**自分たちがやってきたことが間違っていなかったと証明されたから**です。

〈有隣堂しか知らない世界〉は、ありがたいことに高評価率が高いチャンネルです。**コメントも、すべて拝読している私の感覚では、9割以上、好意的な感想をいただいています。**本当に、このチャンネルは熱心なファンの方々に支えられていると感じています。

ちなみに、以前はすべてのコメントに返信をしていたのですが、10万人を超えたあたりからできないときがあり、申し訳なく感じています。今でもすべてありがたく読ませていただき、貴重なご意見として参考にさせていただいています。

目標だった8月に10万人を達成できなかったとき、それでも今やっている方向性は間違っていないと信じて続けることができたのは、こうしたファンの方からの好意的なコメントに支え

られていたからでもあります。「面白い」という声をこれだけいただいているのだから、知ってもらえさえすれば、見てもらえさえすれば、絶対に好きになってもらえる――それが10万人達成によっていったん証明された気持ちで、心からほっとしました。

◆社内の人の見る目が変わった

この10万人達成は、社内の人間のチャンネルを見る目も変えてくれました。

私たちとしては、社内への浸透は今なお十分ではないと考えています。それでも10万人を境に、このチャンネルに対する空気が変わるのを肌で感じました。**仕事において、数字など、わかりやすい実績を出すことの意味や意義を改めて痛感した**ものです。

具体的な変化としては、YouTubeを会社としてビジネスに活用していこうという声が、様々な部署から上がるようになってきました。ブッコローの初のグッズ化も、このころ実現していきます（これについて、詳しくは第４章でお話しします）。

個人レベルでも、取引先に送るＦＡＸ用紙に、ブッコローのイラストをワンポイントとして入れたり、カバンにブッコローのキーホルダーを付けている社員を見かけるようにもなりました。**うちのキャラクター有名らしいぞ、と知って好意的に利用・活用してくれる人が出てきたのです。**

さらには、もっと登録者数が増えないのか、まだ少ないんじゃないかと言ってくる人まで。登録者数が少ないころは見向きもされなかったので、「みんな調子がいいなあ」と、若干モヤッとする気持ちもありましたが、それよりも関心を持ってもらえるようになった嬉しさが上回り、励みになったことは言うまでもありません。

さて、YouTubeの発起人である社長の反応はどうだったのか。目標の8月には達成できなかったものの、10月にようやく達成できて、やっと褒めてもらえるぞ、と思って報告に行ったら甘かった。それどころか、**満足するなと一喝。**

松信に聞いて初めて知ったのですが、ハヤシさんは、こんなに時間がかかってしまい、申し訳ありませんでしたと、謝罪されたというのです。リニューアルから1年後の6月には、10万人を達成したかったというのがハヤシさんの本音だったようです。

社長はもっと高みを目指せると信じていて、プロデューサーもこんなに真剣に向き合ってくれている。こんなに心強いことはありません。私たちYouTubeチームも気を引き締め直し、新しい目標を掲げて、さらなる高みを目指していくことになりました。

書店をプロレスで私物化した男

事業開発部　商材開発・店舗プロモーション課
佐藤貴広さん

——YouTubeに出演が決まった際の心境を教えてください。

率直に、**本当に私でいいのかな？**　と思いました。YouTubeの担当者から声がかかり、「プロレス雑誌」をテーマに動画を撮るということはすでに決まっていたのですが、集客や売り上げにつなげられる題材ではないと思っていたので、いいのかなと思ったのです。その疑問を伝えたら、それでいい、ということでしたので、じゃあ、プロレスを知らない人に知ってもらえるいい機会だなと。元々頼まれたらイヤとは言えない性格なんです（笑）。とはいえ、もちろん仕事ですし、嫌だと思ってはいませんでした。

——いつからプロレスファンだったのですか？

小学生のときに、テレビ東京で「世界のプロレス」という番組が放送されていたんです。それを見て、ああ、すごいな、カッコいいなと。そこから見始めて、以来、ずっと好きですね。一方で本や雑誌も好きで、プロレス雑誌を集めていました。最初の動画（〈【全盛期、あの頃は】週プロ！ゴング！プロレス雑誌の世界〉）ではその一部を100冊ほど持っていった感じです。

普段は家で箱に詰めて保管しています。引っ越しのときに減らさざるを得なかったりして、全部を持ち続けることは叶《かな》わなかったのですが……。

――出演されてみていかがでしたか？

最初に出たのが、リニューアル後3回目の動画だったんです。参考にするものがほとんどなく不安でしたが、ブッコローがわりとプロレスをご覧になっている方だったので、仲間と話しているような感じで楽しかったです。収録というより雑談をしているような雰囲気でしたね。

――2回目は「三沢光晴」を取り上げています。お好きなレスラーだそうですね？

1回目の動画のときに、雑誌のほか、三沢さんに関する書籍をかなり持参したんです。それでYouTubeの担当者の方から、次は三沢さんで深掘りをしたい、と言われました。

私にとっても、誰か一人を挙げるとしたら、やはり彼が一番好きなレスラーです。子どものころから私にとってはスーパーヒーローでした。やられてもやられても立ち上がる、それを体現していたレスラーだったと思います。2009年にお亡くなりになったので、動画で紹介したら、こんなすごいレスラーがいたんだよ、ということを少しでも知ってもらえるかなと思いました。ただ、**絶版や品切れの本が多いので、それこそ売り上げにはつながらないけど大丈夫かな、**という思いもありました。

――動画に出演されてから、どのようなリアクションがありましたか？　どのようなコメントが嬉

しいですか？

コメントは怖くて見られていませんが、コメント以外でもリアクションはありました。何回か出演した後だったと思いますが、全日本プロレスの選手の方が見てくださったようで、何か一緒にやりましょうという電話をいただいたんです。他にも視聴されている方がお店に来てくださって、声をかけてくださることもあります。こうした反応は嬉しいし、出てよかったなと思いました。また、一緒に観戦に行ったことのあるプロレスファンの友達からメールが来たりもしました。**プロレスファン目線でも面白かったと言ってくれて、これにはホッとしました。**

——プロレスのディープな世界を初心者に伝える上で、工夫や苦労はありますか？

私自身は、プロレスファンの方に喜んでもらえるような内容にしたいという気持ちがあって、ある程度、深い内容を話したくなってしまうところはあります。ただ一方で**ほとんどの視聴者はプロレスを知らない方なので、まずはプロレスの楽しさを伝えなければと考えています。**そのバランスが難しいんですけど、ブッコローのトークや編集でコントロールしてくれて、うまくまとまっているように思います。なので私は、雑誌を読み直すくらいで、あまり準備らしい準備はしません。基本的にはぶっつけ本番のような感じで、話の流れに自然に身を任せるようにしています。

——有隣堂には、佐藤さんのように、好きな分野や趣味を持つ方が多いですか？

マニアックな人、多いですね。ただ、あまりオープンにせず、内に秘めている方が多い気がします。私は「書店を私物化した男」というニックネームを付けられるくらいオープンに表現していて、だからYouTubeにも声がかかったわけですが、**もっと皆さん、売り場でも表現していいんじゃないかなと思います。**店舗にいたときは、プロレスのイベントを企画しては、どのレスラーを呼ぼうかなと考えていました。本を出すレスラーは全員呼びたいという気持ちで仕事をしていましたね。ちなみに有隣堂の入社試験のときも、人事の面接担当がプロレスファンで、ほとんどプロレスの話しかしていない記憶が……。3回くらい面接があったんですが、プロレスと、もう一回は、サッカーの話。趣味の話をしていたら、入社できたというありがたい会社で、今も楽しくやらせていただいています。

――ご自身の出演動画以外に、好きな動画はありますか？

瀧口さんのバレーボール漫画の回〈【33タイトルが集結！】バレーボール漫画の世界〉がよかったです。ああやって紹介されると読んでみようと思いますし、実際読んでみたら面白かったので、紹介してくれてありがたかったです。売り上げにつながる企画だったなと思いました。

――ブッコローについて率直なご意見をお願いします。

最初にお会いしたとき、スマートな雰囲気の方だなと思いました。プロレスに詳しくて話していて楽しかったんですが、何にでも詳しいのですごいなあと思っていつも見ています。

人には興味しかありません

MC　ブッコローさん

――ハヤシプロデューサーから、「ブッコロー」になってほしいという依頼の電話がかかってきたとき、どう思われましたか？

正直言ってイヤでした。だって、8年ぶりの電話ですよ。普通、警戒しません？（笑）8年ぶりに電話をかけてくるって、大抵ネガティブな話ですよね。だから画面の着信を見て、シカトしようかなと思ったんです。だけど、彼がちゃんとした人だというのはわかっていたので、とりあえず出て、「何？　金？」って聞いたんです。

そしたら、有隣堂のYouTubeのMCをやってほしい、という内容でした。あまりに唐突な話だったので、最初は断ったんです。「きついって」「イヤ、マジで？」みたいなやりとりをけっこう長い時間、たしか30分くらいしたと思います。

ただ、僕は頼みごとをされたらあまり断れないタイプなんです。**彼が困っていて、僕が手助けになれるんだったら、まあいいか、という軽い気持ちで、最終的には引き受けました。**

――自信はありましたか？

そんなに自信があったわけではないですね。ただ、何でこんなやつ連れてきたんだとか、頼まなきゃよかった、という絶望的な感じには、ならないだろうとは思っていました。大失敗もなければ大成功もない人生を送ってきたので、70点くらいは出せるだろうという感じでした。

――実際、やってみてどうでしたか？

実際、及第点はクリアできているかなと思っています。**今まで出会うことがなかったような人たちと、知らない世界を掘り下げていくのは楽しい**ですね。

ただ、ちゃんとできたというときと、できなかったときの両方があります。昔より、頭の回転が鈍くなったな……と思うときがあるんです。たとえば、有隣堂のブックカバーには『本は心の旅路』とキャッチコピーが印刷されていますが、それをもじって『決算はいつも黒字』と言った回があります。でも本当は『決算はいつも〝赤字〟』と言いたかったんです。（社員の大平雅代さんが「憧れですね」と返してくれたので助かりましたが、100点の受け答えではなかったと、今でも後悔しています。

――なぜ、どんな出演者に対しても面白いところを引き出して、突っ込めるんですか？

興味のないジャンルがないからでしょうか。**普段の生活でも、気にならないことが全くないんですよ。**朝起きたら株価も為替も見るし、スポーツも芸能も政治も見る。これは仕事のために勉強をしておこうとか、社会人として一般教養を身につけておこうということではなくて、小さい頃からずっとそう。**人に対しても、興味しかない。**そんな風にいろんなものに目を向けています。

——ここまで続けられてきて、達成感のようなものはありますか？

正直、20万人（インタビュー時）もいくと思っていなかったから、有隣堂さんやP（ハヤシプロデューサー）に「おめでとう」とは思うけれど、自分自身が「やったぜ」とは思っていないですね。

——とはいえ、ブッコローさんの「毒舌」がこのチャンネルの人気の要因でもあると思います。ご自身ではお話しされる際に何か意識されていますか？

「毒舌」とよく言われていますが、僕はそうは思っていなくて、素直に話してるだけです。**人間の素直って本来、とげとげしいものなんですよね。**世のサラリーマンは居酒屋で、あの部長超嫌いって言って盛り上がっているじゃないですか。素直ってそういうものです。それをあのとぼけた見た目で言うからギャップがあっていいんだろうと思いますね。有隣堂という書店に対する、真面目そうとか、堅そうという世間のイメージともギャップがあるんでしょう。こうしたギャップもチャンネルがうまくいったひとつの要因かなとは思いますね。

——では、出演にあたって準備などはされない？

初回から何もしてないです。**できるだけ初見にしたほうが何にでも驚けるので、台本もあま**

り読まないようにしています。何か挙げるとしたら、遅刻をしない、体調管理を怠らない、の二点だけですね。特に後者は、僕、お腹《なか》が弱いので、前日は肉とかお酒とか、食べ物・飲み物には一応気をつけています。

だから何の努力もしてないし、何も頑張ってないんですよ。**過度の期待もなく、過度の責任もなく、ふらっと撮影に来て、好きなようにぺらぺらしゃべって、帰っていく、というスタンス**で、初回から今まで、変わらずやっています。

——公開後、動画はチェックされていますか？

動画は必ず2回は見ます。1回目は客観で見て、2回目は主観で見て、すごく面白かったら3回、4回と見ます。コメント欄も客観的な意見なので参考にします。すべてに従うわけではないですけど、的確なコメントは受け止めるようにしています。

自分が発したボケやツッコミってかわいいんです。土に種を植えて、毎日水をやって、虫とか雑草をこまめに取って、初めて生《な》ったトマトはかわいいじゃないですか。その感覚と一緒です。自分がその場で脳みそフル回転して、パッと出たボケだったりツッコミだったり小芝居だったりは、かわいらしくて愛らしい。自分が言っていることを聞いて、大笑いすることもあります。

第4章

信じて続けて見えてきた世界

「銀の盾」の次の目標

◆次なる目標は「ブッコローランド」？

2022年冬、〈有隣堂しか知らない世界〉のチャンネル登録者数はありがたいことに20万人を突破しました。

私たちはこれまでも、リニューアル時や登録者数1万人突破時など、節目ごとに新たな目標を設定し、期限を決めて、クリアするための対策を考えてきました。

前章でお話しした通り、2021年10月になんとか10万人を突破したわけですが、では次の目標はどうするか。

私たちとしては、登録者数10万人によって、少しずつではありますがイチYouTubeチャンネルとして認知されてきたと感じています。ここからは**具体的な数字を追うのではなく、現在のチャンネルをビジネスにどう結びつけていくかに軸足を移すようになっていきました。**もちろん登録者数が増えるに越したことはありませんし、再生回数に一喜一憂する日々は続いています。

けれども、優先順位が変わってきたということです。**10万人突破によって、フェーズが変わったと言えるでしょうか。**

第1章でもお話しした通り、社長の松信は常々、「書籍を売ってきた信用力で、書籍以外の『モノ・コト・トキ』を売る。同時に、書籍以外の『モノ・コト・トキ』の力を借りて、書籍を売り続けていく」と言っています。この〝両輪〟の経営思想をYouTubeでも体現していきたいと考えています。つまり**YouTubeの人気や認知度を、書店をはじめとする有隣堂のビジネスにもっと活かしたい。同時に、有隣堂の既存のビジネスを使って、YouTubeをもっと盛り上げていきたい**ということです。

現時点では半分冗談として言っていますが、**方向性として究極的には「ブッコローランド」を作りたいと思っています。**有隣堂の作る遊園地だったら行ってみたい。YouTubeを見てくださる方にも、有隣堂で本を買ってくださるお客さまにも、そう思っていただけるようなブッコローランドを作れたら……と夢見ているのです。

◆YouTubeが作り出す「STAY UNIQUE」

ブッコローランド実現のためにも、まず、**目下の課題としては、実店舗とYouTubeの連動**

を進めていくことが重要だと考えました。

実店舗を持っていることは、有隣堂YouTubeの強みのひとつです。しかし、年々、紙の本の売り上げが落ちていく厳しい市場状況があり、ましてやネットで何でも買える時代になっていいます。だからこそ、**店舗に来てもらってモノを買っていただくには、「STAY UNIQUE（唯一無二の存在）」であることが求められます。**

この「STAY UNIQUE」とは、これもまた社長がよく言う言葉で、私たち社員も非常に共感しています。**有隣堂のYouTube自体も「STAY UNIQUE」でありたいですし、同時に、YouTubeの力で有隣堂の「STAY UNIQUE」の価値を高めていきたい、**とも思っています。

後者を実現させる方法は、大きくふたつあると考えています。

ひとつは、**扱う「モノ」がユニークであること。**具体的には、YouTubeで視聴者の方がこれまで見たこともないような面白い文房具や雑貨などを紹介して、実際に店舗に来て買ってもらうという方法です。YouTubeで紹介することによって、ただ店舗で置いているだけでは魅力が伝わりづらい商品に、お客さまが出会うきっかけづくりができると考えています。例を挙げると、先にもお話しした「ドライ漬物 たくあん」などはYouTubeをきっかけに人気が出た商品です。

もうひとつが、**登場する「人」がユニークであること。**

YouTubeを見て岡崎のファンになってくださった方が、岡崎から文房具を買いたいと店舗に来てくださるというのが、こちらの方法です。後に詳しくご紹介しますが、YouTubeにたくさんの反響をいただいたことから、STORY STORY YOKOHAMAに、岡崎が良いと思うものだけを取り扱った「岡崎百貨店」という常設のコーナーが生まれました。これはまさに後者の「STAY UNIQUE」を体現した事例だと思います。

もちろんこれらのほかにも、YouTubeと既存のビジネスをつなげて、互いに相乗効果を生み出していくやり方もあるはずです。こうした連携についてはこの先も引き続き試行錯誤していきたいと考えています。

少し話は変わりますが、**YouTubeの視聴者のなかには、現在でも有隣堂が書店だということを知らない方もいます。関東圏外に住む人は、有隣堂の存在すら知らなかったという方がほとんど。**コメントを読んでいると、そんな方々がYouTubeをきっかけに、そういう店舗・企業があることを知ってくださるのがとても嬉しいのです。そして実際に店舗にも足を運んでいただき、「書店だったんだ」と実感していただけるようになれば、なお嬉しい。

この章では、YouTubeを活用した様々なビジネス展開を紹介していきます。また、さらなる飛躍に向けて今考えていること、これから先の課題についても触れていきたいと思います。

ブッコローのぬいぐるみは即完売 グッズビジネスの勝算

◆Tシャツから楽器まで　ブッコローグッズ展開中

YouTubeと実店舗を連動させる取り組みとして、最も象徴的だったのが、**ブッコローのぬいぐるみを販売したこと**です。

グッズ販売はYouTube立ち上げ当初から野望としてありましたが、登録者数5万人が見えてきたころから、いよいよ本格的に動きはじめました。グッズ化は、私たちYouTubeチームに加え他部署も加わっていったのですが、**オリジナルキャラクターのぬいぐるみを自社で展開するのは初めてのこと。**その企画会議は、とにかく様々なことで紛糾しました。

いちばん揉《も》めたのは数量です。オリジナルグッズにどのくらいの需要があるのか。つまり、どのくらいの数を作ればいいのか、予測が難しかったのです。

最終的に、初回限定版は、実店舗とオンラインを含めて、1200個となりました。発売日は登録者数10万人達成後の、2021年11月でした。

１２００という数字は、私たちとしては抑え気味の個数でした。ただ、以前とある世界的人気キャラクターグッズを同じ数量発注し、売り切れなかったという経験があったため、たくさん作って余らせるよりは、好評だったら追加して販売していけばよいだろうという考えに落ち着いたのです。

ブッコローぬいぐるみ。実際のブッコロー同様、片方の目が黄色くなっている

しかし、**蓋をあけたら初日で〝瞬殺〟。**なぜこれだけしか作らなかったのかと、社内では私たちへの批判の声も上がりました。まったくもってその通りなのですが、考えてもみてください。ブッコローはまだ1歳。さらに言えば、発注したのは２０２１年8月で、当時の登録者数は約７万８０００人。**６か月で１２００個のぬいぐるみが即完売するほど認知をされ、人気が出るとは思ってもみませんでした。**読みが甘かったと反省する気持ちはもちろんあり

ましたが、私たちはこの事実に驚くとともに、心から感激したのです。

その後、このぬいぐるみの一件で「ブッコロー人気」を確信した私たちは、ぬいぐるみ以外にも、グラスやTシャツ、ハンカチのほか、オリジナルデザインのボールペンやシーリングスタンプ、変わり種ではサンレレ（ウクレレのような楽器）まで、様々なブッコローグッズを展開してきました。

また、ブッコローのイラストを使用したＬＩＮＥスタンプは、大変ご好評をいただき、現在は第三弾まで発売されています。

YouTube 発、そして有隣堂初のオリジナルキャラクターがグッズ展開するほど愛され、わが社のビジネスにもつながっていることを実感し、ここまで成長できたことを本当に嬉しく思っています。もちろん今後も初心を忘れずに、より多くの方にこのチャンネルとブッコローを愛していただけるよう、取り組んでいければと考えています。

YouTubeから売り場へ ガラスペンフェアの成功

◆最高再生回数を誇る「ガラスペンの世界」

YouTubeで紹介した商品が実店舗で売れた最も大きな成功例として、「ガラスペン」のフェアがあります。

先に、YouTubeで紹介した商品が実店舗で売れても、どこまでがYouTubeによるものなのか、その効果を見定めるのが難しいという話をしましたが、ガラスペンフェアは、売り上げのほぼすべてがYouTubeによるものだと言える成功事例です。

なぜそこまで言い切れるのか、このフェアの詳細をご説明いたします。

リニューアル初回から私たちの動画にたびたび出演している文房具バイヤーの岡崎は、YouTubeでこれまでに2回、対決シリーズを含めると実に5回も、「ガラスペン」を紹介してきました。

ガラスペンを紹介した最初の動画〈【飾りじゃないのよ】物理の力で文字を書く！ガラスペンの世界〉は、92万回再生を誇ります（2022年12月時点）。この数は、〈有隣堂しか知らない世界〉の最高再生回数です。この動画の影響で、岡﨑＝ガラスペンの人、と認識してくださっている視聴者もたくさんいらっしゃいます。

そのくらいガラスペン人気は高く、現在は有隣堂に限らず多くの文具店で扱われるようになるなど、空前の「ガラスペンブーム」だとも言われています。

岡﨑自身もガラスペンに対する思い入れが強いことから、**2021年10月に、〝岡﨑プレゼンツ〟のガラスペンフェアを開催することになりました。その名も「海のみえるガラスペンフェア」です。**開催場所であるSTORY STORY YOKOHAMAは壁面がガラス張りになっており、横浜の「海」の景色を楽しみつつ買い物ができることからこの名前となりました。

ちなみにガラスペンは、販売されているもののほとんどがひとつひとつ手造りされている工芸品です。見た目の美しさから飾り物と思われることもありますが、「文字を書く」という筆記具としての実用性も大変優れているペンなのです。

YouTubeでは、岡﨑私物のインクコレクションも紹介しました。ガラスペンはインクをつけて（正確には吸わせて）書くペンなので、インクを選べる楽しさもあります。ガラスペンの人気に付随して、このインクも人気が高く「インク沼」とも呼ばれているようです。

さらにボールペンや鉛筆とは異なる、独特の美しい「筆音」が鳴るのもガラスペンの特徴です。カリカリとした独特の筆音はぜひ動画でお確かめになってみてください。

また、岡﨑が出演した〈【月に何本作ってるの？】ガラスペン作家の1日ルーティンの世界〉という回ではガラスペン作家の方にも出ていただき、1本のガラスペンが出来上がるまでの工程を紹介しました。こちらも大変反響をいただいた、人気の回です。

フェアでは岡﨑セレクトのガラスペンやインクが並んだ

◆お客さまのほぼ10割がYouTubeのファン

話を戻しますが、「海のみえるガラスペンフェア」はYouTubeで告知をしたこともあり、ご来場くださったお客さまのほとんどが「岡﨑さんのYouTubeを見て来ました」とか、「岡﨑さんのファンです」とおっしゃっていました。

驚いたのは、北海道や九州など、遠方から来てくださった方も多かったことです。有隣堂の店舗がない土地にも、YouTube の力によって「有隣堂」の存在が浸透していることを実感したイベントでした。こうして予想以上の数のお客さまがご来店くださり、300本以上用意していたガラスペンはなんと1週間で完売。それも、1日に売る本数を制限した上で、たった1週間で売り切れてしまったのです。

YouTubeを始める前は年間十数本しか売れていなかったこともあり、弊社としては1か月程度で売り切れれば上出来だと考えていました。そのため、この結果は嬉しい誤算となりました。

とはいえ、ガラスペンは工芸品のため、岡崎としても集められる量に限りがあったようで、足を運んでくださったにもかかわらず買えなかったお客さまも出てしまい、そのことは大変申し訳なく感じています。事前にきちんと準備期間を設けた上で、今後もガラスペンフェアを継続していきたいと考えています。

このように、「海のみえるガラスペンフェア」は、**YouTube によって全国に有隣堂のファンを生み出していること、また YouTube が店舗の売り上げに結びつくことを、具体的な数字とともに社内に示すことができた**フェアとなりました。

“岡崎人気”は一日にしてならず

◆「動画」だったからこそ伝わった人間性

こうして、初回の動画から出演し、ガラスペンフェアを成功させた岡崎は〈有隣堂しか知らない世界〉の最多出演者となりました。

動画の人気に見られるように、岡崎を支持してくださる視聴者の方は多く、「女子文具博」に有隣堂が出展した際は、ブースに立つ岡崎目当てに足を運んでくださるお客さまがたくさんいらっしゃって、行列ができたほどでした。岡崎との写真撮影を望まれる方もいて、ちょっとした人気者になっているんだな、と驚きもしました。

岡崎がバイヤーとして培ってきた文房具に対する愛と知識に加えて、岡崎の素直で素朴な人柄が信頼され、共感を得ていると、コメントなどから感じています。

そうした人柄が伝わるのが、「動画」の力です。

カメラの前で動いて、笑って、ときに困りながら、身振り手振りでしゃべることの力。

文字だと、たくさんの言葉を尽くさなければ伝わらないことが、動画だと一瞬にして伝わるということがあります。**何をしゃべるかも大切ですが、言葉と同じくらい、表情やしぐさから、人は多くの情報を受け取っている。私たちはそのことをYouTubeから学びました。**

すべて伝わってしまう――それはある意味で、怖いことでもあります。

わが社には面白い人材がいるという自信はありました。だけど、それがうまく伝わるかどうかは、また別の話です。

私たちは、この社内の面白い人材の魅力は「動画」だったからこそ伝わった面が大きいと考えています。

それは岡崎に限らず、佐藤、内野、長谷部、そして間仁田や大平など、ほかの出演者にも言えることです。

そしてこのように出演者たちがYouTubeで得た知名度や人気、そして視聴者の方との信頼関係を、実店舗へと活かす取り組みを私たちは加速化させています。そのひとつが、先にも触れた「岡崎百貨店」のオープンです。

2022年の7月、岡崎が選んだ雑貨、約500点を集めた「岡崎百貨店」という常設コーナーを、STORY STORY YOKOHAMAに開きました。文房具をはじめ、アクセサリーや

岡崎の偏愛する商品だけを並べた蚤の市のような売り場に

雑貨、お菓子まで、岡崎が〝偏愛〟する商品だけを並べた、見ているだけでもワクワクする空間です。ヨーロッパの蚤《のみ》の市をイメージした小さな売場は、整然と分類されているこれまでの文房具売場とは異なり、商品との偶然の出会いを作り出すことを目的としています。

◆岡崎を全国区にしたYouTube

岡崎の人気について、印象に残っているエピソードがあります。

YouTubeをリニューアルしてしばらくしたころ、わが社のOBと話す機会がありました。YouTubeで岡崎さんがとても人気なんです、と私が興奮して伝えると、こう言われたのです。

昔から、店には岡崎目当てのお客さまが来てくださっていたんだよ、そしてそれは彼女が、お客さま一人一人と対話して販売するという姿勢をとても大切にしていたからなんだよ、と。

この話を聞いて、岡崎の本質はYouTubeに出演したからといって変わらず、愛されるべくして愛されてきた人だったんだなあと感じ入りました。昔から積み重ねてきた真摯な接客が、YouTubeにも表れているんだなあと。

YouTubeは有隣堂のこれまでの仕事から離れたものではなく、地続きにあるのだと、このときようやく実感しました。

また、YouTubeを始めたからこそ、岡崎のバイヤーとしての能力や彼女の人柄を、店舗で接するお客さまだけでなく、たくさんの方に届けることができたんだ、と私たちの仕事の意義を感じることもできました。

YouTubeと、リアルな店舗は、こういったところでもつながっていたのです。

動画のなかで、何か特別な個性やキャラクターを演じられる人もいるかもしれませんが、有隣堂の出演者に関していえば、普段のその人がそのまま出ている側面が大きいと思います。だからこそ、日々の地道な取り組みがとても大切です。そして私たちは、地道な取り組みを重ねる彼らの魅力をYouTubeを通して全国の方に伝えることも、大切な役割だと思っています。

ブッコローを「論破」できるだけの熱い思いがあるのが良い企画

◆ブッコローと出演者の展開を予想する

10万人、15万人と登録者数が増え、私たちYouTubeチームの経験値も増えていくと、企画を考える精度が上がっていきました。

企画における核は、第3章でお話しした「とにかくサムネ映え」から変わっていません。

ただ、それに加えて、**ブッコローと出演者との展開を少しずつ想定できるようになり、それを企画を立てる際の検討材料のひとつとするようになりました。**

現在、私たちが企画を立てる際のポイントにしているのは、**動画で取り上げるモノが、ブッコローに何を言われても、徹底的に魅力を伝えきれるモノかどうか**ということです。

たとえば軸が光るペンがあるとします。ブッコローは光ってきれいですね、では絶対に終わりません。光ることが何の役に立つのか、光り方にどんな特徴があるのか、光らせる技術に何か面白味や目新しさがあるのかなど、思ったことを素直に聞いてきます。それに対して、心が折れることなく、論破することができるか。私たちはこれを大事にしています。

とはいえ、私たちの動画にはシナリオはなく、大まかな流れだけを書いた、A4用紙1、2枚の台本があるのみ。想定通りに進むことは皆無です。皆無なのですが、それでも、ブッコローのツッコミに対し、それに即座に答えられるような商品でないと、動画としては成立しないだろう、と考え早い段階でボツにします。こうして、より時間をかけずに一定の質の企画を立てられるようになってきたのです。

◆好きが溢れて「異常」になれば成立

私たちがこう考えるようになったのは、ハヤシプロデューサーのある言葉があったから。

ハヤシさんは撮影前、出演者に必ず、「ブッコローを論破してくださいね」と言います。出演者は文房具であれ食品であれ本であれ、自分がよいと思ったもの（あるいは自分の作品）を持って撮影にやってくるわけです。それに対して、ブッコローは一般人代表として対峙《たいじ》します。言ってしまえば「やや辛口」な審査員です。

ブッコローに対し「異常」な愛をぶつけた例として、先に挙げた紙の地図を紹介した回があります。紙の良さもわかるけど、結局はアプリのほうが安くて便利だよね、というブッコローに対して出版社さんが、いえいえ、紙の地図のほうがスマホに比べて俯瞰性《ふかんせい》があって見やすいですよ、と反論。さらに、スマホだと指で強く押しすぎて画面が壊れることもありますよ、といった予想の斜め上の返しが来ました。これには、視聴者も圧倒されてしまったはずです。

私たちは、私たちが紹介する商品を好きな人だけがその動画を見てくれればいいとは思っていません。幅広い層の、できるだけ多くの人に見てもらいたいと思っています。だから動画で紹介している商品に興味がない人が見ても、「なるほど」「へぇ」「一度使ってみたいな」と思ってもらえる瞬間を作り出さなければいけない。そしてその商品を、できれば私たちの YouTube チャンネルや有隣堂自体も、好きになってもらいたい。そのためには、**一般人代表のブッコローを唸らせることができるかどうかが大事な要素になってくるのです。**

ブッコローを論破するために必要なのは、何を言われても言い返すことができるだけの「商品知識」と「熱い思い」です。商品知識の深さは、商品の特性にもよるので難しいところがありますが、好きなだけでは、ブッコローとの掛け合いは面白くなりません。だけど、好きが溢れて「異常」になれば面白い掛け合いは成り立ちます。「好き」なものを全力で推せる異常な熱さがあれば、ブッコローを論破することは恐らく可能だからです。

とにかくブッコローに負けない何かを、紹介するモノなり、出演者が持っているか。私たちは、常にそれを考えながら企画を練っています。

もちろん、どれだけ考えても、私たちの予想は裏切られるのですが――。

ブッコローの「辛口発言」はどこから生まれているか

◆意地悪ではなく正直な感想

ブッコローは、一般人代表であると前項でお話ししました。

この辛口のコメントは「毒舌」とも言われますが、出演者が紹介する商品に対する、忖度《そんたく》も容赦もないブッコローの言動は、視聴者の方たちにも好意的に受け止められています。

また、ありがたいことに様々な媒体から取材していただくことが増えてきたのですが、その際にいただく「有隣堂のYouTubeは振り切ってる」「ブッコローの毒舌がすごい」といった評価からもわかるように、このブッコローの話術こそが、紛れもなく私たちのYouTubeの人気に火をつけてくれました。

ここで改めて私たちのブッコローに対する考えを述べておきたいと思います。

まず**ブッコローの言葉は、受け止め方によっては毒舌になるとは思いますが、本人に毒を吐いているつもりはなく、素直な感想を言っているだけ**のようです。出演者が撮影に持ってきた商品を見たり食べたりしたときに感じる、素直な感想を述べている。ただし、それが紹介した出演者の感想とは異なることが（かなり）あるだけ、というのがブッコローの主張です。

だから私たちは、ブッコローが辛辣《しんらつ》だなと思う状況というのは、出演者はいいと思っていてもブッコローはそうは思っていない、という意見の食い違いが起きているだけなのだと捉えています。これは文具であっても、ほかの商品であっても同じです。

こう思えるのは、ブッコローには決して、紹介する商品を必ず否定してやろう、という意地悪な気持ちがあるわけではないからです。動画内でも、たとえば学研さんの昆虫図鑑を紹介する回では、「すべて生きている昆虫を撮影している」という編集者の熱いこだわりを聞き、この内容でこの値段は激安だ！　と絶賛していました。

ただ、やはり「もっとこうしたらいいんじゃない？」とか、「そうはいってもちょっと高いですよね」というクリーンヒットのような一言が出てしまうのがブッコローで、しかし**この素直な感想こそが、視聴者に支持をいただいているキモだろうと思うのです。**

そもそも私たちのYouTubeでブッコローというMCを起用したのは、出演者との「掛け合い」が大事だというプロデューサーの判断によるものでした。いい掛け合いとは、同意であれ批判であれ、見るものを新たな場所に連れて行ってくれるようなところがあるのだと考え、受け止めています。

「接客業」である強みを活かす
――炎上について

◆プロデューサーと意見がせめぎ合うことはある

企業、個人を問わず、SNSでの炎上がたびたび問題になる昨今、企業YouTubeを運営する私たちとしても炎上事件は他人事《ひとごと》ではありません。

とはいえ、そのために細かい注文をつけてブッコローが萎縮してしまうのは避けたいですし、ハヤシさんのクリエイターとしてのこだわりも尊重して面白い動画を作りたいという思いはあります。

そのとき指針となるのが、第2章で紹介した社長による4原則です（人権侵害をしない、反社会的なことをしない、誰かを傷つけることをしない、著しく品性を欠くことをしない）。

もちろんブッコローもハヤシさんも基本的に一線を越えるようなことはしませんが、面白いものを作りたいという気持ちも強い方たちなので、許されるギリギリのラインを攻めるところもあります。

しかし、**有隣堂という企業の担当者として譲れないと思ったときは、妥協はせずにお互いが納得するまで話し合いをおこなうことで、胸を張って動画をお届けすることができています。**

では、具体的にどういう点が気になるのか。

ブッコローも一社会人として、道徳的に問題のあるような発言をすることはほとんどありません。ただ、ごくまれに、話の流れや勢いで出る言葉というものもあります。

とはいえ撮影中に流れを止めて中断するのは動画のためにもなりませんし、基本的には気持ちよく、そのとき思ったことを存分にしゃべってもらいたい。

その上で、出来上がった動画をチェックして品質を担保するのが私たちの仕事だと考えています。

こういったことは程度の問題ではありますし、言葉だけをあげつらうつもりはありません。前後の文脈をよく考えた上で、それでもやはり行き過ぎていると感じたときに、初めてハヤシさんに伝えるようにしています。この加減も、最初のうちは判断が難しいところでした。

とはいえ、編集が終わったあとの作品に手を入れていただくのはハヤシさんの負担になるため、最近は、撮影のあとに気になった言葉はその場で伝えるようになりました。

価値観が急速に変わっていく時代において、ＳＮＳという不特定多数の人が見る媒体にかかわるということは、作成する私たちの価値観も問われているのだと感じます。4原則を守れているか、日々、自問自答しながら番組作りに取り組んでいます。

◆BtoC企業である利点

そうは言っても、誰かを傷つけないとか、品性を保つという指針は、わかりやすいひとつの正解があるわけではありません。私たちにそういった意図はなかったとしても、傷ついたと感じられる方や、品性がないと感じられる方はいるかもしれません。

そんななかで、**今のところ大きな問題なくやってこられているのは、ひとつには、私たちの土台が「接客業」だからなのではないかと、自己分析しています。**

有隣堂の社員には書店経験を積んでいる社員も多くいます。私自身も長年店舗に立ち、店長をつとめたこともあります。日々、顔の見える一般のお客さまと接するなかで、お客さまが何を求めているかを考えてきましたし、お客さまにお叱りを受けることもありました。

そういう経験があるからこそ、YouTubeに携わっているいまも、お客さまの顔を想像しやすいのです。見ている方がどう感じられるかということを、念頭に置きやすい。有隣堂がBtoCの企業である点が、YouTubeでは強みになっていると感じます。

それからもうひとつ、私たちのチャンネルが、できるだけ多くの人に見てもらうことを目的としている、ということがあります。

内輪ネタを嫌うプロデューサーの考えともつながるのですが、私たちは常に有隣堂を知らない初見の人にもこのチャンネルを楽しく見てもらいたいと思っています。だからこそ、このコミュニティでは何を言っても大丈夫、と油断してはいけない。誰が見ているかわからないという緊張感をもって、一回一回の動画を作っています。

「人気が出たと調子に乗らないこと」そして「動画を上げるたびに常に初心に戻ること」。

これは、私たちYouTubeメンバーの一人である鈴木宏昭の言葉です。

私も、登録者数が10万人になっても20万人になっても、忘れずに心に刻んでいます。

言いたいことを言い合えるチーム作り

◆困っていることを抱え込まない

プロデューサーのハヤシさんとブッコローは、有隣堂の社員ではないため、私たち社内のYouTubeチームとは、基本的に撮影のときしか顔を合わせません。企画や動画のやりとりは常時しているものの、密にお会いする間柄ではないのです。

そのため、常にわいわいとした仲良しチームという感じではないのですが、それでもリニューアルから約2年半、楽しく仕事ができていると、少なくとも私たちYouTubeチームは感じています。

とはいえ、先にも触れたように、スムーズにいくことばかりではなく、意見の衝突が起こることも少なからずあります。しかし、**〈有隣堂しか知らない世界〉を成功させるという、目指しているゴールは皆同じ**です。**ハヤシさんとブッコローでいい番組を作ってもらう。私たちは二人が作りたい番組を気持ちよく作れる土台を整える。この大きな役割分担がうまくいってい**

るとも感じています。

この土台づくりにもかかわることですが、YouTubeに限らず、チームで働く上で私が大切にしていることがあります。

それは、**「困っていることを一人で抱え込まない」**こと。

当たり前ではありますが、とても大事なことだと考えています。

心配事、不満、滞っている業務などがあれば、上司やチームメンバーにできるだけ早く相談、報告をおこなう。そのため、自分がいまどういう気持ちで働いているかという心情まで、YouTubeチームのメンバーと共有できているのです。こうした積み重ねの上で、私たち自身も気持ちよく働ける環境が実現しているのだと考えています。

◆泣きながら電話……「聞いてくれる」存在がいてこそ

困っていることがあれば、とにかく上司や同僚に伝える。そうすれば次第に進むべき道は開ける。これは、私が最も過酷だった仕事で学んだ教訓でもありました。

20年ほどの会社員生活のなかで、最も大変だった仕事が、ヒビヤセントラルマーケットの立ち上げでした。

店舗の立ち上げはそれまでにもやったことがあったのですが、日比谷店には、書店のほか、アパレル店や理容室、居酒屋と、これまでかかわったことのない未知の業態の店舗が複数入ることになっていました。カルチャーが全く異なる人たちとの慣れないやりとりに緊張し疲弊する上に、初めてのことが山積みだったのです。

具体的には、飲食店でお酒を提供するために必要な免許の取得、理容室の開設のための保健所への届出、洋服を海外から輸入するために海外の口座の開設、そのために英語でやりとりをおこなう……そんなふうにひとつひとつ手探りのなかで奔走する毎日。今思い出しても、よく予定通りにオープンできたな、と思うくらいの大変さでした。

だからこそ、振り返るとこの仕事にはとても鍛えられました。当時、私は子どもが小さく、時短勤務をしながらの店舗立ち上げだったのですが、そういった勤務形態の私に責任あるポジションを任せてくれた会社にも、今となってはとても感謝しています。

そして、もちろんこれらは私一人ですべてやり遂げたわけではありません。担当責任者としてのプレッシャーのなか、あの過酷な日々を乗り切れたのは、やはり周囲との密なコミュニケーションがあったからです。帰り道、上司に何度、長文のラインを送ったことか……。ときには、泣きながら上司に電話をしたこともありました。

そうした社内の人間とのコミュニケーションが、前に進むための現実的な課題解決にもなりましたし、精神的な支えにもなったのです。

仕事で私が思っていることを何でも「言える」のは、「聞いてくれる」上司や同僚がいるからです。私自身もそうありたいと思っていますし、これまでの仕事を通して、思っていることを言い合える環境や雰囲気が、いい仕事につながるとも実感しています。

一方で、なかなか自分からは言えないタイプの人がいるだろうということも理解しています。**YouTubeチームでも、言いたくても言えない人にも気を配りながら、みんながで きるだけ気持ちよく働ける環境づくりを整えていきたいと常に思っています。**

これから強化していきたい5つのこと

◆伸びしろはまだまだある

現状、登録者数は20万人ですが、この数字が私たちのチャンネルの限界だとは思っていません。

ただ現状のまま続けていてはいつか成長が止まってしまうこともわかっているので、今の私たちに必要なことがないか模索し続けています。

ここではその構想の一部をご紹介したいと思います。

1　YouTubeの企画のバリエーションを増やしていく

現状、〈有隣堂しか知らない世界〉は圧倒的に文房具の動画が多く、文房具チャンネルだと認識されている視聴者の方もいらっしゃるくらいです。私たちは**求められているこの軸を大切にしつつも、見てくださる方をもっと増やすため、企画の幅をさらに広げていきたい**と考えて

ブッコローのイラスト入りサンレレ。のちに正式に商品化された

います。

たとえば、有隣堂の運営する音楽教室のスタッフや先生の協力を得て、ブッコローが「サンレレ」を弾いてみるという企画をやったことがあります。ブッコローをはじめ、この動画で初めて有隣堂が音楽教室も運営している、ということをお知りになった方も多いはずです。

この企画のように、取り上げるモノや商品の幅を広げていきたいと考えていて、そうした動画を積極的に作りつつあります。ヴィンテージ眼鏡を紹介した回〈【極上のオシャレ】ヴィンテージ眼鏡の世界〉や、「誠品生活日本橋」の台湾食品を取り上げた回〈【日本で買える】台湾食品の世界〉、有隣堂の伊勢佐木町本店で月１回野菜のマルシェを開いているご縁で、野菜のプロの方にご登場いただいた〈【普通じゃない】書店で買える野菜の世界〉という回もあります。

こうした取り組みは、楽しんで見てくださる視聴者の方を増やすとともに、YouTubeにかかわる当社の部門を増やすことにもつながります。

企画の幅を広げることで、YouTubeを盛り上げていく社内の仲間を増やしたいですし、自分たちの仕事の周知の場として、YouTubeをもっと活用してもらいたいと思っています。社内の多くの人に〈有隣堂しか知らない世界〉への当事者意識を持ってもらいたいのです。

2 ファンの方とのコミュニケーションを丁寧におこなっていく

以前もお話ししましたが、私たちYouTubeチームは**基本的にいただいたコメントはすべて読んでいます。**それは、視聴者の方の反応をダイレクトに知ることができるから。

こういう言葉はこういう捉え方をされるんだな、とか、ここが面白いと思ってもらえたんだな、というように毎回分析をして、次の動画に活かしています。最初はなるべくすべてのコメントにお返事してコミュニケーションを図っていましたが、登録者が増えていくとともに、すべてのコメントにお返事をすることが困難に。これにはチーム一同、大変心苦しく思っています。

こういった理由もあり、ファンの方とのより良いコミュニケーションの構築が、今後の課題だと捉えています。

すでに始めているリアルイベントをもっと充実させることや、特別なイベントのときだけではなく、常日頃からファンの方に立ち寄ってもらえるような場所を整えたいという思いもあります。動画をより盛り上げていくためのこういった方策を、日々模索しています。

こうした取り組みのひとつとして、２０２２年8月から「生配信」を始めました。ファンの方がリアルタイムにコメントを書き込んでくださるので、コメントを読みながらしゃべるなど、双方向のやりとりができるのが生配信の良さで、私も何度か出演しておりますが、あっという間に時間が過ぎていきます。こんな企画をしてほしい、こんなテーマで話してほしい、などの企画案をコメントでいただくこともあり、アイデアの参考にさせていただくことも多いです。

3　周知のためのＳＮＳの活用

繰り返しになりますが、**登録者数を増やすにはまずは私たちのチャンネルの存在を知ってもらうことが何より重要だと考えています。**そのためにも〈有隣堂しか知らない世界〉の告知に、もっと力を入れていきたい。

具体的には、やはりＳＮＳの活用がカギになると考えています。現在フォロワーが約２万人のツイッターも、もっと活用できると考えていますし、一度始めたもののやめてしまった

TikTokなども、再検討していきたいと考えています。

4　グッズ販売の強化

先にブッコローのぬいぐるみのお話もしましたが、登録者数20万人のチャンネルに育ったことで、ブッコローの認知度が高まり、グッズ販売の需要も見込めるようになりました。

これらのなかには、先にお話ししたサンレレや、「知育ブロックLaQ《ラキュー》」、シーリングスタンプなど、動画がきっかけでグッズ化が決まった商品などもあります。

有隣堂YouTubeによってブッコローを知って好きになってもらい、**ブッコローの人気によって書店としての有隣堂のファンを獲得、そして最終的に店舗での売り上げにつなげられたらこれ以上素晴らしいことはないと考えています。**

5　実店舗でYouTubeの存在をアピールする

このチャンネルの知名度について調査をおこなったところ、**有隣堂に来てくださっているお客さまのうち、たった3・5%しか〈有隣堂しか知らない世界〉を知らないという結果が出ました。**有隣堂は知っているのにYouTubeを知らない方が9割以上いるという事実を受け、まだまだ伸びしろがあると考えています。

店舗にブッコローのパネルを置いたり、目立つところにグッズを展開するなど、有隣堂に足を運んでくださっているお客さまにもYouTubeをやっているというアピールをいま以上におこなっていきたいと考えています。

これら5つのほかにも、私たちのYouTubeを海外の方にも見ていただきたいと考えており、世界15か国語の字幕を付ける試みを始めたところです。ほかにもたくさんあるのですが……残念ながら人手が足らず、現時点ではそこまで手が回らないのが実状です。

やるべきことが明確なのに、できていないこの状態は非常にもったいないと感じています。先に挙げた5つの構想ですら、実際に推し進めるには現状のYouTubeチームでは人手が足りないことを痛感しています。しかし、会社のリソースは限られており、人手が必要な部署は私たち以外にもたくさんあるのです。

経営陣にもっと人員を増やしたほうが良いと納得してもらうための、目に見える成果を出していかなければいけないと考えています。

振り切ったYouTubeがあるぞ、と発見されるために

◆「見つけてもらう」ために種をまく

以前にもお話しした通り、登録者数1万人、その次の10万人という節目を突破する際には、それぞれ「きっかけ」がありました。どちらも私たちが意図したものではありませんでしたが、結果的に、あれがきっかけとなったな、という「バズる」ポイントがあったのです。

1万人のときは、「ねとらぼ」の記者さんが書いてくださった、私たちのチャンネルを的確にとらえた面白い紹介記事。

10万人のときは、〝寝ない・食べない〟の中山七里先生24時間密着動画が、話題を呼びました。

このとき、私たちは「見つけてもらえたんだ！」という気持ちになったのです。

動画というものは本来そういった性質のものだと思いますが、自分たちから特別に拡散などをしたわけではなく、予想外の反応をいただけたので、そう感じたのだと思います。

ただし、これらは、日々種をまきつづけてきたからこそ、見つけてもらえたのだと考えてい

ます。

逆に言えば、**先に挙げた5つの強化していきたいことをはじめ、日々こつこつと自分たちにできることを考え、種をまきつづけなければ、さらなる躍進は起き得ないだろう**とも思っています。

では今後、どういうきっかけがあり得るのか。

それには、これまでとは別の視点、別の意外性が必要なのかなと私たちは考えています。

〈有隣堂しか知らない世界〉は、「企業チャンネルなのに、自社で扱っている商品を紹介していない」とか、「企業チャンネルなのに、毒舌とかエンタメに振り切っている」という言われ方をしてきました。そうした「企業チャンネルなのに、〇〇」という意外性が受けて、20万人以上の登録者数を得ることができたのだと思います。

一定の成功体験をおさめた私たちのチャンネルが次のステージに上がるには、新たな「〇〇なのに△△」という発見のされ方をする必要がある。そのためにはやはり、新しい視点を意識しながら、日々こつこつと種をまきつづけるしかないのだと考えています。

手を抜いたらそこで試合終了

◆2年半、チームの熱量は高いまま

登録者数が増えたことで、私たちの想定しなかった反響が得られるようになりました。

「聖地巡礼」と称して、〈有隣堂しか知らない世界〉に登場した店舗をめぐってくださるファンの方が出てきたのです。

こうしたファンの方のなかには、有隣堂のない地方や海外からわざわざ店舗に来てくださって、本や文房具を買ってくださるという方もいらっしゃいます。

また、YouTube のコメント欄に、うちの地域にも出店してください！　と、書き込んでくださる方もいて、全国の方が見てくださっているんだなぁ、と感謝とともに YouTube の影響力を実感しています。

YouTube を始めてまもなく3年になろうとしていますが、有隣堂のファンを増やすという目的は、確実に実現しはじめていることを感じています。

同時に、まだまだ十分でないこともわかっています。私たちにとっては一度たりとも「安定期」はありません。

一時、動画の更新頻度を週1回から週2回に増やしたものの、週1回に戻すなど、チャンネルをより良いものにするためのトライアル＆エラーを続けています。

そういったなかでも、ハヤシさんの熱量はこの2年半、変わらず高いままです。

その熱に打たれて、私たちはハヤシさんとのリニューアルを決断したわけですし、感化されて、私たちも変わらずモチベーションが高いまま取り組み続けられるのだと思います。

「手を抜いたらそこで試合終了」

自分たちが心から面白いと思えるものを発信していれば、きっとまだ見ぬ誰かに見つけてもらえる。そしてさらに飛躍できる。その確信をもとに、私たちは今日もネタ探しに頭を悩ませながら、走り続けています。

頼れる姉御主任

店舗運営部　アトレ恵比寿店
大平雅代さん

――YouTubeに出演が決まった際の心境を教えてください。

落語が好きなので、それでYouTubeに出てみないかと声をかけてもらったのがきっかけですね。

YouTubeがはじまったころから面白そう！　と思っていたので、出演できることになったときはとても嬉しかったです。人前に出るのも緊張しないほうで、面白そうなことには飛び込んでいきたいタイプなので、撮影前はずっとワクワクしていました。

――なぜ有隣堂に入社されたのですか？

単純に本が好きだったからです。横浜出身なので子どものころから有隣堂に馴染《なじ》みがあったというのもありますね。

――出演される際に気をつけていることなどはありますか？　また、事前に準備をされていることはありますか？

お調子者なので、調子にのって暴走しないように気をつけています。楽しくなるとついついしゃべり過ぎてしまうので。

あとは、実演するような企画については事前にしっかり準備をしています。特に折り紙の世界で折ったバラは、出演前に家で何度も練習して撮影に挑みました。

――「カバー掛け」の技でテレビにも多数出演されていますが、YouTubeとの違いを感じることはありましたか？

テレビの出演後は、お店で声をかけてくださる方の幅がぐんと広がりました。特にご年配の方から「テレビ見たよ」と声をかけていただくことが増えましたね。

遠方の親戚から「見たよ！」と声をかけてもらったときは、テレビの影響力ってまだまだ強いんだなぁと思いました。

――動画に出演されてから、どのようなリアクションがありましたか？　どのようなコメントが嬉しいですか？

店舗で声をかけていただくことが多いですね。忙しくてきちんと対応できなかったときは、申し訳ないなぁと思っています。手を振ってくださるだけでも嬉しいので、店舗で見かけたときはぜひお願いします！

日ごろYouTubeを見て声をかけてくださる方の中には、小学生くらいのお子さんもいて、「雅代おねえちゃんの回がいちばん楽しみ！」なんて言ってもらっちゃうと、ムチャクチャ嬉しいです。

コメントも全部楽しく読んでいます。親しみを感じてくださっているコメントが多くて嬉しいです！

なかでも、同じ店舗で一緒に働いていた懐かしいお友達と思われる方からのコメントを見つけたときは、ものすごくテンションが上がりました。自分の知らないところで気にしてくれているのは嬉しいですね。

――ブッコローについて率直なご意見をお願いします。

口達者なので「このやろーーー!!」と思うこともあります（笑）。普通に話していると負けちゃうので、頑張ってプレゼンしなくちゃいけないなと思いますね。

でも、普段はちょっとしたところに気遣いを感じる言葉が多くて、基本的にはやさしい鳥だなぁと思っています。大好きですよ♡

――ご自身が出演された回で印象に残っている回はありますか？

最初に出た落語の回が一番印象に残っています。再生回数はそれほど伸びていないんですけど、自分の好きなものについて語れるのはとても嬉しかったです。

細川さんとの対決企画「書店員トライアスロン」の回も面白かったですね。今は同じ店舗なので二人並んでレジに入ることもあるんですよ。ああ見えて、意外と可愛いところもあるんです。時にはバチバチしつつも、楽しく働いています！

――ご自身の出演動画以外に、好きな動画はありますか？

サンレレの回が大好きです。元々楽器が好きで、三味線やウクレレなども持っているんです。サンレレも面白そうだなぁ、でも今ある楽器も弾きこなせてないからなぁ、と思って悩んでいます。

ブッコローモデルもいいんですが、お花の柄のものがきれいでいいなぁと思っています。

私がいちばんのファンです——「面白さ」を貫く決意と理由

松信健太郎社長　インタビュー

◆ひとときのやすらぎと笑いを提供したい

——有隣堂のYouTubeのはじまりは「社長の一声」だったと伺っています。裏側を教えてください。

真相は、動画をやってみたらどうかという動画プロデューサーのハヤシさんの提案に、私が〝2秒〟で乗ったというものです。ハヤシさんとは長い付き合いで、これまでにも仕事をお願いしたり、相談に乗ってもらったりしてきました。

有隣堂の事業は小売りと代理店で、自分たちで何かを生み出しているわけではありません。そのため、「STAY UNIQUE」を実現するには常に新しいものを探し続けなければいけないという考え方がベースにあります。**自分たちのできる範囲で、新しいことに挑戦していこうと考えています。**

もうひとつには縮小する出版マーケットのなかで書店が生き残っていくためにはみずからを「面白い場所」に変えていかなければならない、という考えもあります。有隣堂のビジネスのうち、本は半分くらいなのですが、それでも本の販売は有隣堂の祖業であり、コアビジネスです。何とかして生き残っていきたい。そんな折に「動画」という提案を受けたので、これは書店を面白くし得るのではないか、と思って「2秒で乗った」というわけです。

――「2秒」で乗られた。なにか響くものがあったのでしょうか？

僕は子どものころ、テレビが見たくて仕方がなかった。けれどうちの25歳の子どもも12歳の子どもも、テレビを見ないんです。その代わりにYouTubeを見る。電化製品を買ってきても、YouTubeで解説動画をチェックする。そのくらい**動画が若い世代の生活に浸透しているのを肌で感じていた**ので、有隣堂で動画ができるならやってみたいと即断しました。

――リニューアル前は本の紹介動画を投稿されていました。登録者数、再生数がなかなか伸びなかったこの時期を、社長はどうご覧になっていましたか？

「つんどく兄弟」の時代ですよね……7、8分がものすごく長く感じられるほどつまらなかったんです。ハヤシさんも同じように感じられていて、方向性を変えたらどうですかとアドバイスをいただいたので、それならハヤシさんやってくださいよ、という流れになりました。

この時期の失敗要因は、つんどく兄弟の内容自体というよりも、コンテンツを自分たちで作ろうとしたことでした。当時は動画制作会社に入ってもらっていたものの、プロの力を借りるという発想になりきっていなかったと思います。ハヤシさんに入っていただくにあたり、**任せ**

るところはプロに任せる、と転換したことが成功につながったのではないでしょうか。

――ここでやめるという選択肢もありましたか？

ありました。かなりお金もかけていた上に、内容がぼろぼろだったので。それでもやめなかったのは、やり切っていなかったからです。そして、ここでやめなかったからこそ、その後、成功したわけです。今、振り返ってみて、**有隣堂のYouTubeが成功した大きな要因のひとつは、ここでやめなかったこと、諦めなかったこと**だと思っています。

――リニューアル後の動画は、岡崎弘子さんはじめ、有隣堂のスタッフの方たちが培われてきた商品知識や商品愛が、画面でさく裂していますね。

リニューアル一発目の「キムワイプの世界」を見たときは、岡崎さんがあんないい味を出すとは想像もしていなかったので、びっくりして、笑い転げましたよ。ただ岡崎さんにかぎらず、何年も仕事をしていたら、商品への愛着、仕事への矜持《きょうじ》が少なからずあると思いますが、それをブッコローさんの話術とハヤシさんのプロデュース・編集能力がわかりやすく引き出している。二人のプロによる力がすごく大きいと感じています。ハヤシさんの編集力はもちろん、ブッコローさんの語彙《ごい》力と、それから、面白い言葉を引き出す能力にはいつも感嘆します。

――ブッコローの率直な物言いは「毒舌」とも言われ、人気を博していますが、社長はどう感じていらっしゃいますか？

面白いと思って見ています。私たちは「有隣堂しか知らない世界」で、商品の宣伝をしたいわけでも、会社の宣伝をしたいわけでもないんです。もっと言うと、売り上げを伸ばしたいわけでもない。**見てくださる方にひとときの安らぎと笑いを提供できたら、それがいちばん嬉しい。**

生きていくのって、けっこう大変じゃないですか。誰しもいろんなものを抱えて生きていると思うんですけど、私たちの動画で、1週間のうち8分だけでも笑ってもらえたら、という思いです。

その積み重ねが、有隣堂のファンを増やしたり、本を買うなら有隣堂で買おうかな、と思ってくださるお客さまを増やすことに結びつきつつあるかな、と感じているところです。

だからブッコローさんが我々に忖度して、面白くなくなってしまうことは全く意図するところではない。**有隣堂のスタッフが勧めた文房具を使ってみて「何じゃこりゃ」と思ったら「何じゃこりゃ」と言っていただく空気感が大事だと思っているし、そういうブッコローさんの主観こそが見る人を惹《ひ》きつけている**と思っていますね。

――社長は、何かあったら自分が謝りにいくとおっしゃっている。だから思い切りできると、ハヤシさんはおっしゃっていました。

長いお付き合いのなかで、ハヤシさんには全幅の信頼を置いています。あんなに誠実な人はいないと思っているんです。これまでの彼のインタビューなどの発言を読んでも、いつもブレなくて、悪意もなければ忖度もない。そこが信頼できるところかなと思っています。

だからハヤシさんとブッコローさん、そして担当のスタッフの思う通りにやっていただきたい。**万が一、何か起きたら僕が謝りにいきますから。**今のところ謝りにいったことはありませんけどね。

◆チームは進化していくべき

――YouTubeに限らず、有隣堂には「何でもやってみよう」という土壌があると伺いました。トライアル&エラーの精神をどのように浸透させていますか？

意図的にこの精神を浸透させようとはあまり考えていないんです。唯一あるとすれば、**私自身が率先してやりたいことをやること**ですね。日比谷の店（ヒビヤセントラルマーケット）も、日本橋の店（誠品生活日本橋）も、このYouTubeもそうですが、新しいことを率先して仕掛けていく。そのときに、自分の考えを周囲に説明して、やりたい人を巻き込んで一緒にやっていく。その繰り返しで、少しずつ「輪」が広がってきたと感じています。もちろん挑戦に失敗はつきものです。事前に財務に確認をとって、失敗してもギリギリ大丈夫な範囲でやっていますから、**失敗をポジティブに受け止めています。そこから学ぶことは必ずあるので、何もしないよりずっといい。**

一方、社内には、本に力を入れたいという考え方のスタッフもいます。そういった考えはきちんと受け止めて、**やりたくない人に無理にやらせることはしない**ようにしていますね。

――やることにも制限がないといいますか、自由度が高い。たとえばYouTubeでは、4原則のみを伝え、あとは現場に任せたと伺いました。

YouTube に限らず、4原則――人権侵害をしない、反社会的な行為をしない、誰かが傷つくことをしない、著しく品性を欠くことをしない――この4つを守っていれば、基本的に何をやってもいいだろうという考えがベースにあります。当然、個々の事案で経営判断は必要ですが、自由度が高くないと新しいこと、クリエイティブなこと、挑戦的なことはできなくなってしまうと思います。

ただしこの4原則は、言ってみれば大枠の価値観を提示しているだけで、詳細まで落とし込んだ形で明示していません。**この4原則を理解してもらった上で、各々の業務にどう適用していくかは現場の担当者に任せています。**たとえば YouTube であったら、私自身は下ネタはダメ、と一言も言っていないんだけど、現在の YouTube チームにいる渡邉郁さんや鈴木宏昭さん、ブッコローさんもハヤシさんもみんな品がいいので「品性を欠く」ことだと解釈しているようです。そうやって、自分たちなりに解釈して仕事を進めてもらうのが、従業員ひとりひとりが能力を発揮する上でいいやり方なのかなと、これは最近、確信するようになりました。

――ハヤシさん、ブッコローと、有隣堂のYouTubeチームは、いいチームワークだと感じます。社長から見ていかがですか？

有隣堂のスタッフは皆、動画経験ゼロのメンバーなので、当初、ハヤシさんにはいろいろ思うところはあっただろうし、実際に、要望もいただきました。最近はあまりなくなってきたので、有隣堂チームが成長したのかハヤシさんが諦めたのかわかりませんが……、チームワークは悪くないと思っています。

ただ、有隣堂のメンバーがずっと同じであるべきだとは思っていません。**もっといいチームになるなら改めていくべきだし、進化していくべき**だと。個人的にはハヤシさんとブッコローさんはずっと同じでいてほしいですが。

渡邉さんも鈴木さんも、長く本の現場にいた人間なので、YouTubeの担当になったことに対して、最初は複雑な気持ちがあっただろうと思います。ただ、現場にいるとどうしたって限界を感じるわけです。マーケットがどんどん縮小していくのを目の当たりにしますから。でも本が好きだし、本屋が好きだから、何とか有隣堂が本屋として生き残るためには、YouTubeを始めることもプラスになると、すとんと腹に落ちたのでしょう。今は当事者意識を持って、さらに楽しみながら取り組んでくれていると思って見ています。

もう一人、立ち上げのときに奔走した鈴木由美子さんの尽力も大きかった。ブッコローの絵を描いてくれる従業員を見つけてきたのも彼女でした。立ち上げ時はどうしたって混乱します。そういうとき、彼女のような社内調整に長《た》けた人間がチームにいたのは大きかったと思います。

◆YouTubeが、小さな成功体験を積み重ねていく場に

――YouTubeの登録者数が10万、15万と増えていったことは、社内にどのような影響や効果をもたらしましたか。


少しずつですが、従業員の成功体験につながっていると感じています。

何度もお話ししていますが、1996年から出版物の売り上げは右肩下がりです。書店員は年々、本を売りながら成功体験を作るのが難しくなっています。プロフェッショナルな知識を持っている販売員であっても、結果が出ないと、仕事に対する自信を失ってしまうことを懸念していました。それは経営的に見てもマイナスだし、従業員ひとりひとりにとっても、幸せではない。そのなかで従業員の自己成長や自己実現をどのように促すか。またポテンシャルをどう引き出すかを私は日々模索しているわけですが、では、**販売員の成功体験って何だろうと考**

えると、ひとつは、お客さまからポジティブな声をかけていただくことだと思うんですね。そういう声があれば、現場は頑張れるんじゃないかと。YouTubeがそのきっかけになってくれていることを実感しています。

といってもこれは最初から狙っていたことではなく、岡崎さんが2本目、3本目と出演するごとに生き生きとしていくのを見ながら、私自身もその効果に気づかされました。YouTubeに絡んでいない従業員も、自分の会社のことを褒められると嬉しいものだと思います。

――YouTubeでポテンシャルを開花させる方が増えていきそうです。

小さな成功体験を積み重ねてもらいたいですね。出演にはハヤシプロデューサーのOKが必要ですが、そこをクリアした人には、**存分に自己表現してもらえたら**と思っています。有隣堂にはアルバイトさんも含めて2000人以上のスタッフがいます。誰しも、ひとつやふたつは特技やネタを持っているんじゃないかと思うんです。

といいながら、私もいくつか企画を出しているんですが、今のところ全敗です。出版社の倉庫の引っ越し企画をはじめ、いくつか提案しているんだけど、採用率ゼロ。ハヤシさんの判断はシビアなので、社長の私であってもOKはなかなか得られません。

――社長の企画もボツ……ハヤシさん、忖度なしですね。

もちろん**忖度していただく必要は全くありません。**私以外の人間にもそれは同様で、たとえば父である会長が、現在のチャンネルはとても面白いけど、やっぱりもっと本も取り上げてくれたらなあと言うことがあるんです。これは100%忖度不要とハヤシさんに伝えてあります。ハヤシさんの判断がいちばんですから。

――社長ご自身が出演される予定は？

出たい気持ちはあるんです。でも誰しもひとつやふたつは特技やネタがあると言っておきながら……お恥ずかしいことに、私には何もないんですよ。記念の回などはハードルが上がるし、内輪ネタのようになってしまうので避けたいし、社外の方々もありがたいことに皆さん出演に協力的なのですが、いざ自分となると難しい。ハヤシさんに何か見つけていただくしかないなと思っています。

――今後、YouTubeの人気を活かした事業展開をお考えですか？

登録者数20万人が多いのか少ないのかは正直よくわからないのですが、様々な反響をいただいたり、取材を受けたり、そしてこうやって本を出すところまで成長したという観点から考えると、YouTubeを活用してさらに周辺ビジネスを展開していくことは、当然、あり得ると考えています。けれども、それ自体を目標にすることはありません。

あくまでも見てくださる方に楽しんでもらう。そして有隣堂のファンになってもらうことが私たちのYouTubeの目標です。そこはこれまでも、これからも変わりません。有隣堂という名前を知ってもらって、有隣堂で本を買ってみようかなと思ってもらえたら、自分の暮らす地域に有隣堂が出店してくれないかな、と思っていただけたら嬉しい。その本筋を崩さず、グッズを作ったり、店舗の販促に活用したりしていけたらと考えています。

言葉は悪いかもしれませんが、経営者として使えるものは全部使って利益を上げたい気持ちはもちろんあります。けれど、モノを売るためだとか、店に人を集めるためだとか、有隣堂のイメージを上げるための、いわば宣伝チャンネルに成り下がってしまったら、絶対につまらなくなると思います。あっという間にブームは去るでしょう。

何より私自身がこの番組のいちばんのファンです。ハヤシさんとブッコローさん、そして有隣堂スタッフが作る面白い番組を、ずっと見ていたいと思っています。

あとがきにかえて　特別対談

ブ ブッコロー（ＭＣ）
ハ ハヤシユタカ（プロデューサー兼ディレクター）
２０２２年12月某日　ビデオチャットにて

ハ お疲れ様ですー。

ブ お疲れでーす。

ハ ゲラ（この本のチェック用の校正紙）読みました？

ブ 読んだよ。読んだけど、飛ばしてるとこもあるよ。

ハ なんで飛ばしてるんですか。

ブ 佐藤さんのインタビューとか別に面白くなかったから、もういいかと思って。

ハ （笑）

ブ 本が完成したら読むよ、もちろん。

ハ ちゃんと読んだ部分の感想は？

ブ 面白かったよ、普通に。だって自分が携わっていることが活字になることってないじゃん。初めての経験だもん。

ハ　確かに。

ブ　人間だれしも、毎日毎日ドラマがあって、ずっと年表があるのに、その歴史が書かれることってないじゃん。それを一緒に走ってきた伴走者が回顧録みたいにしてくれたのって初めてだし、あと自分のことだけじゃないのがいいよね。自分のことだけ書かれると、自分の人生なのに他人の主観が入ったものを読ませられるから、いやいやそんなに凄くないよとか。そんなに俺のことダメな感じで書かないでよ、みたいになるけど、ひとつのチームのこととして書いてあって、自分はそこに携わっている一人という扱いになっているじゃない。感無量とまでは言わないけど、面白く読めるよね。

ハ　僕も初めてゲラをもらったとき、面白いと思いましたね。読みはじめたのが夜で、翌朝早くから仕事があったんだけど、そのこと忘れて一気に読んじゃいました。もちろん、ひいき目があるんでしょうけど。

ブ　他人が自分の日記を書いてるみたいな感じなんだろうね。

ハ　あと、郁さんってこのとき、こんなこと考えてたんだ……とは所々思いましたね。でも僕ってこんなに極悪人かなあ。

ブ　いいじゃんいいじゃん、すべてのキャラが立ってて。のほほんとしている岡崎さん、テキパキやるべきことやる郁さん、極悪非道のPみたいな（笑）。番組MCが毒舌だの辛辣だの言われてる以上、プロデューサーのキャラを立たせるためには、こだわりの強い強硬派みたいなキャラじゃないと弱くなっちゃう。

ハ　いちばん面白かったページは？

ブ　やっぱ社長のインタビューがいちばん良かったかな。「私がいちばんのファンです」とか、わかってはいたけど、本として読むと改めて、この人のおかげでやりやすいんだなって思った。

ハ　ですよね。経営トップの判断で、ブッコローも僕も、なんの縛りもなく自由にやらせてもらっているわけじゃないですか。しかも会社の看板を使って。こういうことができているクリエイターって世の中、本当にいないなと改めて思いましたね。

ブ　ホントそう。

ハ　昔、映像の世界に入ったばかりのころ、先輩に「この仕事は妥協だよ」って言われたんですよ。要はクリエイターの個性とかこだわりはほとんど出せなくて、上司やクライアント、タレントとかからいろいろ言われて、修正して修正して、妥協したものが作品になるのが当たり前ってことなんですけど、今の自分は全く妥協してないですね。

ハ　どこまでいくんですかね。このチャンネルは。

ブ　そうねえ……。

ハ　僕は本文ではカッコつけてね。もう引退みたいなこと書いてますけど。

ブ　俺も頑張って50歳……いや、45歳ぐらいなんだろうな、できるのは。

ハ　そうですか？　演者は年取るごとに、違う魅力みたいなのが出てくるじゃないですか。

ブ　どうなんだろうね。わかんない。この2年間で何か変わったかって言うと、変わった気がしない。

ハ　まぁ確かに……編集していても、ブッコローは2年前と変わってないかもしれない。

ブ　変わってないよ。だって別に訓練とか、研究とか何にもしてないもん。でも変わってないことがいいっていう可能性もあるけどね。

ハ　改めて、有隣堂のYouTubeチームってどう思います？

ブ　いや、頑張ってるなと思いますよ。だって、俺だったら嫌だもん。

ハ　何が？　YouTubeを作りたくないってこと？

ブ　そうそう。いやだって人間の気質としてね？　社長の「現状を革新的なコンテンツで打破していこう」っていう提案に、「ええっ？　面白そうっすね社長、やりましょうよ。自分、自信ありますよ！」っていう人、本屋に就職しないでしょ……？

ハ　（笑）

ブ　テレビ局とか、映像の制作会社みたいなところは、そういう人たちしかいない環境なわけじゃん。面白い番組作って超一流のプロデューサーになる！　とか、再生数100万人の動画を作るとか。そういう環境には、そういう気質の人が集まるだろうけど、そうじゃなくて、本に携わって、穏やかに……みたいな人に、急に「YouTubeだ！」ってなったら……ねぇ？　ということは、僕らが思ってる以上に、彼らはしんどかったし、しんどいし、頑張ってるんだろうなとは思うよ。だから……カオスでいいんじゃないですか。

ハ　カオス（笑）。

ブ　いい意味でだよ？

ハ　でもまぁ、社長の言う「成功体験」を得るためには、これからもっとしんどい思いをしなきゃいけないんでしょうけど。

有隣堂YouTubeチーム

明治42（1909）年創業の、神奈川・東京・千葉で約40店舗を運営する老舗書店「有隣堂」。そんな有隣堂が運営する、企業公式YouTubeチャンネル「有隣堂しか知らない世界」の制作を支える有隣堂社員による制作チーム。
同チャンネルは、有隣堂社員や社外ゲストによる熱のこもった商品のプレゼンと、MCであるR.B.ブッコローの「正直すぎる」感想が評判となり、開設約2年半で登録者数20万人を超える人気チャンネルに成長。チャンネル名は「ゆうせか」、ファンは「ゆーりんちー」という愛称で親しまれている。

老舗書店《しにせしょてん》「有隣堂《ゆうりんどう》」が作《つく》る企業《きぎょう》YouTubeの世界《せかい》

～「チャンネル登録《とうろく》」すら知らなかった社員《しゃいん》が登録者数《とうろくしゃすう》20万人《まんにん》に育《そだ》てるまで～

2023年2月28日　第1刷発行
2024年5月26日　第5刷発行

著者　有隣堂《ゆうりんどう》YouTubeチーム
発行人　茂木行雄
発行所　株式会社ホーム社
〒101-0051　東京都千代田区神田神保町3-29　共同ビル
電話　編集部　03-5211-2966
発売元　株式会社集英社
〒101-8050　東京都千代田区一ツ橋2-5-10
電話　販売部　03-3230-6393（書店専用）
読者係　03-3230-6080

印刷所　TOPPAN株式会社
製本所　株式会社ブックアート
本文組版　有限会社　一企画
編集協力　砂田明子
ブックデザイン　望月昭秀+吉田美咲（NILSON）

Shinise shoten YURINDO ga tsukuru kigyou YouTube no sekai

Printed in Japan　ISBN978-4-8342-5368-9　C0034